探究　学校図書館学

第**4**巻

読書と豊かな
人間性

「探究　学校図書館学」編集委員会 編著

全国学校図書館協議会

はしがき

　1997年の学校図書館法の改正にともない「学校図書館司書教諭講習規程」が改正された。全国学校図書館協議会は，この改正を受けて1998年12月に発表した「司書教諭講義要綱」第二次案にもとづき「新学校図書館学」全5巻を刊行した。その後，「司書教諭講義要綱」第二次案を本案とするために特別委員会で検討を重ね2009年10月に発表した「学校図書館司書教諭講習講義要綱」にもとづき「シリーズ学校図書館学」全5巻を刊行した。

　このように，当会では講義要綱をおおむね10年の期間で見直してきた。今回も2018年に講義要綱改訂のための特別委員会を設置し，委員の互選により平久江祐司氏が委員長に就任した。委員会では，大学の授業回数を考慮して内容を精選するとともに，同年8月の「第41回全国学校図書館研究大会（富山・高岡大会）」にて改訂案を示し，多様な立場からの意見を求めた。その後，パブリックコメントも踏まえて再度議論を重ねた。また，今回の改訂にあたっての基本方針である「講義要綱（シラバス）は，大学ごと（教員ごと）に作るものである」をもとに，各大学で講義要綱作成の指針となるものとして，2019年1月に「学校図書館司書教諭講習講義指針」の名称で発表した。

　この「探究　学校図書館学」全5巻は，講義指針にもとづき，「新学校図書館学」や「シリーズ学校図書館学」の成果を考慮しつつ，15回の授業を想定して刊行するものである。そのねらいの第一は，新学習指導要領に示された「主体的・対話的で深い学び」（いわゆるアクティブ・ラーニングの視点）での授業改善を推進する司書教諭養成のためのテキストとして，司書教諭を目指す教員や学生の学習に役立つことである。第二は，学校図書館を担当したり授業で学校図書館を活用したりしている人たちが，最新の学校図書館学の内容を系統的に学び，力量を高めようとする際の参考となることである。

　「探究　学校図書館学」を編集するに当たり，次の点に留意した。

　① 学校図書館学，図書館情報学，教育学，情報工学等の成果も取り入れる。

② 大学等で講義用のシラバス作成の参考になる章立て構成をする。

③ 専門用語の定義を明確にするとともに，全巻を通して表記等を統一する。ただし，文脈や記述内容により，異なる表現等をする場合もある。

知識基盤社会にあって新学習指導要領が目指す「知識・技能」の習得には，学校図書館の活用が欠かせない。図書館では，日本十進分類法の概念のもと世の中の知識が資料として分類整理されている。この資料（知識）を活用して，子どもたちは直面するさまざまな課題を解決するために探究の過程を通して学びを深めている。こうした一連の課題解決学習や探究型学習が日常化することで，「思考力・判断力・表現力」が育まれる。また，図書館の資料が教科別に分類されていないことで，教科等横断的な学びにも対応できる。

この，「探究　学校図書館学」全5巻が司書教諭の養成，読書指導や学び方指導を通して授業改善を進める担当職員の研鑽に役立つことを願う。

最後に講義指針の作成および「探究　学校図書館学」編集委員としてご尽力いただいた先生方，貴重な原稿をご執筆いただいた皆様に，お礼を申し上げたい。また，講義指針作成の段階から適切なご助言やご意見をお寄せいただくなど，大所高所からご支援いただいた全国各地の先生方にも謝意を表したい。多くの方々の熱意あるご支援により刊行にいたったことに心から感謝申し上げたい。

公益社団法人全国学校図書館協議会

理事長　設楽　敬一

序

　学校図書館は，「学校の教育課程の展開に寄与する」「児童生徒の健全な教養を育成する」という２つの目的と「読書センター」「学習センター」「情報センター」の３つの機能をもつ，学校の教育設備である。学校教育では，文学作品を読むことに限らず，何かを調べるために図書や新聞・雑誌などを読むことも読書と位置付け，各教科等での読書指導の推進が重視されている。

　しかし，学校現場では未だに読書は余暇の時間に楽しむもので指導事項ではないと思っている教員が存在する。また，近年は，長文を読んだり書いたりすることを苦手とする若者が増えているという。探究的な学習のはずが，教員が与えた課題をインターネットで調べるだけだったり，体験するだけだったり，出前授業を受けるだけだったりの授業も散見する。

　司書教諭は，学校司書と連携・協働し，教諭として学校図書館活用や各教科等における読書指導の推進役となることが求められている。

　本書は，５科目10単位の司書教諭講習のうち「読書と豊かな人間性」のテキストとして長年活用されてきた全国学校図書館協議会のシリーズ学校図書館学「読書と豊かな人間性」を全面改訂して編集した。全面改訂とはいえ，普遍的で継承するべき点は継承し，新たな情報や実践事例，読書活動を豊富に掲載した。司書教諭講習のテキストとして，司書教諭の職務の参考として活用していただきたい。

第４巻編集委員　小川三和子

目次

はしがき ……………………………………………………………… 2

序 …………………………………………………………………… 4

第Ⅰ章　読書の意義と目的

1　読書の意義 ………………………………………………………… 13

　（1）読書の目的 …………………………………………………… 13

　（2）読書する意義 ………………………………………………… 13

　（3）子どもにとって読書する意義 ……………………………… 14

2　今，求められる「読む力」 ……………………………………… 17

　（1）デジタル時代の読書 ………………………………………… 17

　（2）学習指導要領（国語科）が求めている読みの力 ………… 18

　（3）「読む力」はすべての学びの基盤 ………………………… 19

3　児童生徒の読書の必要性 ………………………………………… 22

　（1）読書能力の発達 ……………………………………………… 22

　（2）読書と意識と学力 …………………………………………… 24

　（3）児童生徒の読書活動への支援・指導の必要性 …………… 25

第Ⅱ章　読書教育の系譜

1　日本の読書教育 …………………………………………………… 28

　（1）読書指導と読書教育 ………………………………………… 28

　（2）近代日本の読書教育 ………………………………………… 28

2　学校図書館の創設期 ……………………………………………… 30

　（1）戦後の教育改革 ……………………………………………… 30

　（2）学校図書館の誕生 …………………………………………… 31

　（3）アメリカ教育使節団の来日 ………………………………… 31

　　　（4）全国学校図書館協議会の設立と「学校図書館法」の制定 ‥‥‥ 32
　3　戦後の教育の変遷‥‥‥‥‥‥‥‥‥‥‥‥‥‥‥‥‥‥‥‥‥ 33
　　　（1）学習指導要領の変遷 ‥‥‥‥‥‥‥‥‥‥‥‥‥‥‥‥‥ 33
　4　子どもの本の変遷‥‥‥‥‥‥‥‥‥‥‥‥‥‥‥‥‥‥‥‥‥ 37
　　　（1）明治から戦前まで ‥‥‥‥‥‥‥‥‥‥‥‥‥‥‥‥‥ 37
　　　（2）戦後の児童文学 ‥‥‥‥‥‥‥‥‥‥‥‥‥‥‥‥‥‥ 38
　5　読書教育を進めてきた人たち ‥‥‥‥‥‥‥‥‥‥‥‥‥‥‥ 39
　　　（1）学校図書館創設期 ‥‥‥‥‥‥‥‥‥‥‥‥‥‥‥‥‥ 39
　　　（2）親子読書・文庫 ‥‥‥‥‥‥‥‥‥‥‥‥‥‥‥‥‥‥ 40
　　　（3）国語教育・文学教育の研究 ‥‥‥‥‥‥‥‥‥‥‥‥‥ 41

第Ⅲ章　読書指導と学校図書館

　1　読書指導と学校図書館 ‥‥‥‥‥‥‥‥‥‥‥‥‥‥‥‥‥‥ 44
　　　（1）学校図書館とは ‥‥‥‥‥‥‥‥‥‥‥‥‥‥‥‥‥‥ 44
　　　（2）学校図書館資料とは ‥‥‥‥‥‥‥‥‥‥‥‥‥‥‥‥ 46
　2　教育施策における読書 ‥‥‥‥‥‥‥‥‥‥‥‥‥‥‥‥‥‥ 47
　　　（1）学校図書館図書標準と学校図書館図書整備新5か年計画 ‥‥‥ 47
　　　（2）司書教諭の発令と学校司書の配置 ‥‥‥‥‥‥‥‥‥‥‥ 48
　　　（3）子ども読書年と国際子ども図書館の開館 ‥‥‥‥‥‥‥‥ 49
　　　（4）「子どもの読書活動の推進に関する法律」と
　　　　　「子どもの読書活動の推進に関する基本的な計画」‥‥‥‥‥ 49
　　　（5）文化審議会答申
　　　　　「これからの時代に求められる国語力について」‥‥‥‥‥‥ 50
　　　（6）「文字・活字文化振興法」と「読解力向上プログラム」‥‥‥ 51
　　　（7）「学校図書館ガイドライン」まで ‥‥‥‥‥‥‥‥‥‥‥ 52
　3　学校教育における読書 ‥‥‥‥‥‥‥‥‥‥‥‥‥‥‥‥‥‥ 53
　　　（1）学校教育における読書 ‥‥‥‥‥‥‥‥‥‥‥‥‥‥‥ 53
　　　（2）読書の深まりと指導 ‥‥‥‥‥‥‥‥‥‥‥‥‥‥‥‥ 54

第IV章　子どもの読書環境

1　子どもの読書の実態……………………………………………… 58

（1）「学校読書調査」「学校図書館調査」から ……………… 58

（2）子どもたちは本を読んでいるか ……………………… 58

（3）学年が上がると読書冊数や不読率はどうなるのか ……… 59

（4）子どもたちはどんな本を読んでいるか ……………… 60

（5）雑誌はどのように読まれているか ……………………… 63

（6）本を読むことが好きか ………………………………… 64

2　学校図書館・公共図書館の現状 ………………………………… 65

（1）学校図書館と公共図書館 ……………………………… 65

（2）学校図書館の職員 ……………………………………… 66

（3）学校図書館の蔵書 ……………………………………… 66

（4）「学校図書館活用」と「読書指導」の年間指導計画 …… 67

（5）新聞・雑誌の購読数 …………………………………… 67

（6）図書以外の資料の活用 ………………………………… 68

（7）「障害者差別解消法」に関する取り組み ……………… 68

3　子どもの読書活動の推進 ……………………………………… 69

（1）文部科学省の施策 ……………………………………… 69

（2）家庭や地域社会における読書への誘い ……………… 70

（3）小学校，中学校，高等学校などにおける読書指導 …… 70

第V章　発達段階に応じた読書指導

1　読書能力の発達段階………………………………………………… 72

2　発達段階に応じた読書指導 …………………………………… 73

（1）乳幼児期 ………………………………………………… 73

（2）低学年の読書活動 ……………………………………… 74

（3）中学年の読書活動 ……………………………………… 75

（4）高学年の読書活動 ……………………………………………… 75

（5）中学校・高等学校での読書指導 ……………………………… 76

第Ⅵ章　子どもの本の種類と提供

1　図書資料の種類と提供 …………………………………………… 78

（1）読書と図書資料 ………………………………………………… 78

（2）　図書資料の種類 ……………………………………………… 79

2　図書資料の選択 ……………………………………………………… 83

（1）学校図書館資料選択のための組織と方法 ………………… 83

（2）選書のためのツール ………………………………………… 84

3　図書資料の提供 …………………………………………………… 85

（1）閲覧 …………………………………………………………… 85

（2）貸出 …………………………………………………………… 87

（3）予約 …………………………………………………………… 88

（4）本の紹介 ……………………………………………………… 88

第Ⅶ章　読書環境の整備

1　図書資料の整備 …………………………………………………… 90

（1）「読書センター」としての学校図書館の整備 …………… 90

（2）読書と学校図書館資料 ……………………………………… 90

（3）図書資料の整備 ……………………………………………… 91

2　展示・掲示・コーナー ………………………………………… 93

3　学年・学級文庫 ………………………………………………… 94

第Ⅷ章　子どもと本を結ぶための方法

1　読み聞かせ ………………………………………………………… 96

　2　ブックトーク ……………………………………………… 97

　3　ストーリーテリング ……………………………………… 99

　4　読書感想文 ………………………………………………… 100

　5　読書感想画 ………………………………………………… 101

　6　読書へのアニマシオン …………………………………… 102

　7　ビブリオバトル …………………………………………… 103

　8　読書会 ……………………………………………………… 105

　9　リテラチャーサークル …………………………………… 106

　10　紙芝居 ……………………………………………………… 107

　11　読書集会 …………………………………………………… 107

　12　読書郵便 …………………………………………………… 108

　13　POP と本の帯の作成 …………………………………… 108

第IX章　各教科等での読書指導・探究的な学習と読書指導

　1　各教科等での読書指導 …………………………………… 110

　　（1）各教科等での読書指導の必要性 …………………… 110

　　（2）国語科における読書指導 …………………………… 112

　　（3）各教科等での読書指導 ……………………………… 114

　　（4）クラブ・委員会活動と読書 ………………………… 118

　2　探究的な学習と読書指導 ………………………………… 119

　　（1）探究的な学習と総合的な学習の時間・総合的な探究の時間 … 119

　　（2）探究のプロセス ……………………………………… 120

第X章　読書活動の実際（1）

　1　小学校での読書活動例 …………………………………… 124

　　（1）小学校1・2年生 …………………………………… 124

　　（2）小学校3・4年生 …………………………………… 126

　　（3）小学校5・6年生 ……………………………………… 127

　　（4）図書委員会の活動 ……………………………………… 128

　　（5）全校での読書活動 ……………………………………… 128

　2　中学校での読書活動例 ………………………………………… 130

　　（1）部活動紹介新聞 ………………………………………… 130

　　（2）トークの会 …………………………………………… 131

　　（3）本の帯作り …………………………………………… 132

　　（4）本の紹介カード ……………………………………… 133

　　（5）読書マラソン ………………………………………… 133

　　（6）しおり作成 …………………………………………… 134

　　（7）読み聞かせ …………………………………………… 134

　　（8）同じ本を読んだ人へ読書郵便 ……………………… 135

　　（9）全校参加のおすすめ本紹介カード ………………… 135

　　（10）はがき新聞 …………………………………………… 135

　　（11）おいしい読書 ………………………………………… 136

　　（12）いつもと違う読書をしようキャンペーン ………… 136

第XI章　読書活動の実際（2）

　1　高等学校での読書活動例 …………………………………… 137

　　（1）高等学校での読書活動 ……………………………… 137

　　（2）授業で ………………………………………………… 137

　　（3）図書委員会 …………………………………………… 139

　　（4）学校生活全般 ………………………………………… 144

　2　特別支援学校での読書活動例 ……………………………… 147

　　（1）特別支援学校での読書活動 ………………………… 147

　　（2）東京都立墨東特別支援学校の取り組み …………… 148

　　（3）学校図書館・図書コーナーの設定・整備 ………… 149

　　（4）外部からのお話ボランティア

「おはなしの会　うさぎ」の活動 ……………………………… 152

（5）児童生徒と教員のレファレンスに応じる

学校図書館支援員の導入 ……………………………… 153

第XII章　読書活動の推進と司書教諭・学校司書

1　全校で取り組む読書活動 ……………………………………… 156

（1）教科と関連して行う読書活動 ……………………………… 156

（2）児童生徒・保護者・ボランティア・

諸機関と連携した読書活動 ……………………………… 158

2　司書教諭の職務と読書指導 …………………………………… 160

（1）司書教諭の職務 ……………………………………………… 160

（2）司書教諭としての読書指導 ………………………………… 166

3　学校司書の職務と読書指導への支援 ………………………… 168

（1）学校司書の職務 ……………………………………………… 168

（2）学校司書の読書指導への支援 ……………………………… 169

第XIII章　個に応じた読書指導

1　一人ひとりのニーズに応じた読書指導の必要性 …………… 173

2　障害のある児童生徒の読書指導 ……………………………… 174

（1）障害のある児童生徒の現状 ………………………………… 174

（2）障害のある児童生徒の読書指導に関わる施策 …………… 175

（3）障害のある児童生徒の読書指導の展開 …………………… 177

3　外国にルーツのある児童生徒の読書指導 …………………… 180

（1）外国にルーツのある児童生徒の現状 ……………………… 180

（2）外国にルーツのある児童生徒の読書指導の展開 ………… 180

4　貧困などの生活上の課題を抱える児童生徒の読書指導 …… 181

5　求められる「チームとしての学校」の視点 ………………… 183

第XIV章 地域社会との連携

1 学校図書館・公共図書館との連携 …………………………………… 185

　（1）公共図書館との連携 ………………………………………… 185

　（2）学校図書館間の連携 ………………………………………… 186

2 生涯学習施設との連携 …………………………………………… 187

3 家庭文庫・地域文庫との連携 …………………………………… 189

4 学校図書館支援センター ………………………………………… 190

　（1）教育委員会の役割 …………………………………………… 190

　（2）学校図書館支援センターの役割 …………………………… 191

関連資料一覧 …………………………………………………………… 194

　《法規・基準》 …………………………………………………… 194

　《学校図書館の役割・機能》 …………………………………… 194

索引 ………………………………………………………………………… 195

［第4巻担当編集委員・執筆者］［第4巻執筆者］ …………………… 198

第Ⅰ章　読書の意義と目的

1　読書の意義

（1）読書の目的

　人は何のために読書をするのだろうか。

　『本を読む本』を著したM.J.アドラー（Mortimer Jerome Adler）とC.V.ドーレン（Charles Lincoln Van Doren）は，読書の目的を，「教養書の読書」と「文学書の読書」という本の種類によって説明している[注1]。

　教養書の読書には，「情報を得るための読書と理解を深めるための読書とがある」。教養書が伝えようとするものは，「読者がすでに経験したことや，これから経験できるかもしれないようなことについての知識」であり，「何かを知るには判断力と推理力，すなわち知性をはたらかさなければならない」。

　一方，「文学が伝えるのは経験それ自体で，それは読む作業によってのみ読者が得ることのできる経験であり，うまく伝えられれば読者は何らかの喜びを得る。……何かを経験するには感覚と想像力を用いなければならない」と述べている。すなわち，①判断力や推理力を働かせて読むことによって情報を得たり理解を深めたりする，②感覚と想像力を働かせて読むことによって経験を得る，という2つの目的が読書にはある。

（2）読書する意義

　人は読書しなければならないものであろうか。

　私たちは，読書することによってことばを学ぶ。新しい単語と出会い，言い回しを知り，文体に慣れ，ことばの力を高めていく。読んでいる内容を理解するために，想像力や分析力，思考力，判断力などが総動員される。読書する力と知性は，あいまって高まっていく。

情報源の1つとして本を選択し読書することもある。これを積み重ねることによって，事実を読み取る力が鍛えられ，情報摂取の方法を学び上達させていく。それにより情報を選択したり分析したりするなどの情報を使う力が身についていく。

　本を読むことは，もう1つの世界と出会うことでもある。現実の自分が生きている世界のほかに別の精神世界をもつことができる人は，それだけ豊かな世界を生きることができる。別の世界でのさまざまな人や物事との出会いにより心が掘り起こされ耕されて，感性が深まっていく。現実のほかにいくつもの別の世界をもっている人は，それだけ人間としての器を広げることができるであろう。

（3）子どもにとって読書する意義

　子どもにとっても，読書することの意義は，基本的にはおとなと変わりはない。ただ，子どもという存在は，精神的にも身体的にも人としての成長過程にあり，成長するために必要な教育を受けている段階にいる。それゆえ，この時期に読書をすることによって次のような人間としての成長が促される。

①ことばを学ぶ・読むことを学ぶ

　人として現代の社会を生きていくためには「読む力」が必要である。身の回りのいたるところに文字が存在し，さまざまな情報が提供されている。「読む」という行為の繰り返しによって，子どもたちは文字を身につけ，書きことばに慣れていく。読むときの目の動かし方，黙読の仕方，速読の方法などの技術も次第に身につけていく。表現の多様性を身につけていく。

②想像力・思考力・判断力などが育成される

　読んだことを理解するためには，知性の力が必要である。生活体験を基にして想像し考える力があって理解できることがある。推理し予測する力があることで読み通すことが容易にもなる。知識の本であっても物語の本であっても，読む力と知性は相互に作用して高められていく。

③情報を使う力が育成される

　私たちは，読んだことの中から必要な部分を識別したり，読んだことを要

約したり，他の部分と比較したり，読んだことをもとに類推したり，読んだことを統合して自分の考えを作り出したりする。これらは情報を使う力，つまり情報活用能力である。「読む力」は，従来使われてきた「読み書き能力＝リテラシー」から，情報化社会の進展にともなって，「情報を読む力＝情報を使う力＝情報活用能力」という概念にまで拡大してきた。

④知識や情報を得る

　本を読むことによって，知識や情報を得ることができる。世界の反対側における出来事も，海底に住む生き物のことも知ることができる。未知のことにも既知のことにも，具体的なことにも抽象的なことにも，本をとおして出会い，それらを自分の知識や情報として取り入れることができる。

⑤「生きる」ための知恵を得る

　物語には，おとなたちが共同体を作り共有していた「生活文化」を伝えることができるという。現在，地域の共同体が崩壊し，子どもたちを取り巻く環境が急速に悪化したために，日常の営みの中で伝えられてきた生活文化が伝わらなくなったが，物語が子どもたちに生きていくための「うまい助け」（生活文化）を提供していると，脇明子は指摘する[注2]。

　また，昔話には，人生とはどういうものか，人生を渡っていくためにはどうしたらよいか，などの知恵がさりげなく込められており，昔から語り継がれてきたのである。

⑥心のごっこ遊びを体験する

　子どもたちが物語の中で体験することは直接的経験ではない。登場人物と同一化して，冒険をし，楽しいこと，恐ろしいことなどに出くわし，さまざまな人や動物などと出会う。行動や感情を心の中で間接的に体験する。

　この子どもの物語における体験は，ちょうどごっこ遊びに似ている。就学前の子どもたちは，よくお店屋さんごっこやお母さんごっこをして遊ぶ。その具体的体験をとおして，役割体験をしたり子ども同士のつきあい方を学んだりしていく。読書は，心のごっこ遊びのようなものである。自分の心の中で，想像力によって人の行動や感情を自らの体験として学んでいく。

　とくに，感情体験の重要性を脇明子は指摘している。脇は，「情動の制御

を学ぶ前に，まずは養育者との親密な交流の中で感情をともにする体験を重ねることによって，心を動かすこと自体を身につけなくてはならない」，「成長過程でさまざまな感情体験，とりわけ不快感情の体験をし，それからどう抜け出すのかを習得しなくてはならない」。そして，「情動を制御することが大切だと言うと，喜怒哀楽を感じないほうがいいかのように誤解されかねませんが，そうではなくて，豊かな喜怒哀楽を持ちながら，状況に応じてそれを抑える力を育てていくべきだ」と述べ，「ここに，子どもが物語を読んだり，読んでもらったりすることの，とても大きな意味がある」と，読書における感情体験の重要性を述べている^(注3)。

⑦もう1つの世界と出会う

　物語は，「行きて帰りし物語」と表現されることがある。「今，ここ」の世界から別の世界へ行って，さまざまな人やものと出会い，さまざまな行動をして，また「今，ここ」の世界に帰ってくるというストーリーを精神的に体験する中で，読者自身に多くの気づきがあり，その積み重ねが人としての成長を促す。

　自分の世界とは異なるもう1つの世界は，著者が構築したものである。ゲームのように，読者が参加してその世界を作り上げていくのではない。本の世界は，厳然として著者の意志がそびえる世界である。この世界との出会いを，本田和子は自身の体験を踏まえて次のように述べている。

　「ゲーム世界の想像力が，しばしば，日常とフィクションの壁を溶かし，フィクション上に新たな現実を築き上げて両者の境界を無化しがちなのに比し，読書の場合の想像力は，与えられた物語を，日常とは異なる"向こう側の世界"として境界を認めつつ，あえてその運命を受け入れ，それに寄り添っていくための謙虚さを必要としていた。自分が創造主でもなく，自身がこれまで体験したこともない世界に，好奇心と感受性を全開しつつ，しかも慎ましく，素直に寄り添っていく。自分の手で自由に操作できないための不自由さ・もどかしさと同時に，一方では，"自分"という限界と"自身の体験"という狭い範囲を越えて，より大いなるもの・より新奇なるものに出会える喜びがあったのではないか」^(注4)。

　以上の①〜③は，読むという行為を通して得られるものであり，④〜⑦は，読んだ内容を通して得られるものである。「読書」には，こうした二面性がある。このような読書の意義は古くから認識され，読書に主体的に向かう資質を作る教育がなされてきた。

2　今，求められる「読む力」

（1）デジタル時代の読書

　現在の子どもたちは生まれた時からインターネットやパソコン環境の中で育ってきたデジタルネイティブである。その親たちの30代，40代の世代もまた，高校・大学時代からインターネットに親しんできたデジタルネイティブが多いと思われる。

　2017年11月調査の「平成29年度青少年のインターネット利用環境実態調査」（調査結果（速報）平成30年2月　内閣府）によると，スマートフォン，タブレット，携帯ゲーム機，ノートパソコン等を使用したインターネット利用率は小学生65.4%，中学生85.2%，高校生97.1%でいずれも前年より伸びている。インターネットの利用時間（平日1日あたり）の平均は，小学生97.3分，中学生148.7分，高校生213.8分で，2時間以上利用の割合は，小学生33.4%，中学生56.7%，高校生74.2%に上っている[注5]。

　特にスマートフォンの利用について，川島隆太らの仙台市における調査によると「スマホの使用時間が長いほど，読書習慣のない子どもの割合が高い」[注6]という結果が出ている。この調査では，「読書を『全くしない』と回答した子ども達」を「読書習慣のない子ども」と定義している。

　読書時間の変化ばかりでなく，読む対象が変化してきているのも事実である。印刷本ではなく電子書籍を読む，新聞紙ではなくインターネットでニュースを見る。児童生徒たちはメールやSNSの利用から，短文や会話体，絵文字を読むことに慣れ，流行のJK語（女子高生語）や若者言葉が頻繁に飛び交う日常に身を置いている。また学校ではIT化が進み，デジタル教科書や

デジタルコンテンツの利用が増加してきた。

　新井紀子は，調査の結果，「日本の中高生の多くは，詰め込み教育の成果で英語の単語や世界史の年表，数学の計算などの表層的な知識は豊富かもしれませんが，中学校の歴史や理科の教科書程度の文章を正確に理解できないということがわかった」(注7) と述べている。ここからも，現代の児童生徒の読みの力の低下が懸念される。

（2）学習指導要領（国語科）が求めている読みの力

　2000年のOECDの生徒の学習到達度調査（PISA）の実施以来，「読書力」ではなく「読解力」が注目を浴びてきた。「読解力とは，自らの目標を達成し，自らの知識と可能性を発達させ，社会に参加するために，書かれたテキストを理解し，利用し，熟考し，これに取り組むことである」(注8) と定義されている。

　2004年2月には文部科学大臣の諮問に応えて文化審議会答申「これからの時代に求められる国語力について」が出された。それには，「読書の習慣を幼いころから身に付けることが大切であるが，ここでいう読書とは，文学作品を読むことに限らず，自然科学・社会科学関係の本や新聞・雑誌を読んだり，何かを調べるために関係する本を読んだりすることなども含めたものである」(注9) とされており，読書が幅広くとらえられている。

　2005年12月には文部科学省は「読解力向上プログラム」を発表しており，そこに読解力の特徴を4点にまとめている。そこには，読む行為が「情報の取り出し」だけはなく，「理解・評価」（解釈・熟考）も含んでいること，テキストは内容だけでなく構造や形式等も評価すること，読む対象は連続的テキストだけでなく非連続テキストを含んでいることが示されていた(注10)。

　2008年改訂の学習指導要領では「言語活動の充実」が強調され，学習の段階として「習得」「活用」「探究」が打ち出され，「探究的な学習」の過程が4段階として説明されていた。2017年改訂の学習指導要領には「主体的・対話的で深い学び」や「教科等横断的」という語が散見され，「カリキュラム・マネジメント」が強調されていた。

　2017 年の学習指導要領国語科には，「第 1 目標」に続いて「第 2 各学年の目標及び内容」があり，その「2 内容」は［知識及び技能］と［思考力，判断力，表現力等］で構成されている。後者は「A　話すこと・聞くこと」「B　書くこと」「C　読むこと」の 3 つに分かれ，「C　読むこと」には，「（1）読むことに関する次の事項を身に付けることができるよう指導する」，「（2）（1）に示す事項については，例えば次のような言語活動を通して指導するものとする」として数項目が例示されている。この（2）に相当する部分を，1998 年，2008 年，2017 年告示の小学校と中学校の学習指導要領から抽出して比較したものが図表 1 - 1 と図表 1 - 2 である。

　図表 1 - 1 から明らかなように，1998 年には例示はわずかで，2008 年からは自己において完結する読書ではなく，他者と関わり，他者に己の考えを伝え合う活動が増えている。2017 年のものには「伝え合う」など共有・協働する活動が増えている。

（3）「読む力」はすべての学びの基盤

図表 1 - 1　小学校学習指導要領「読むこと」の言語活動の例示

	平成 10（1998）年告示小学校学習指導要領	平成 20（2008）年告示小学校学習指導要領	平成 29（2017）年告示小学校学習指導要領
第 1 学年及び第 2 学年	昔話や童話などの読み聞かせを聞くこと，絵や写真などを見て想像を膨らませながら読むこと，自分の読みたい本を探して読むことなど	ア本や文章を楽しんだり，想像を広げたりしながら読むこと　イ物語の読み聞かせを聞いたり，物語を演じたりすること　ウ事物の仕組みなどについて説明した本や文章を読むこと　エ物語や，科学的なことについて書いた本や文章を読んで，感想を書くこと　オ読んだ本について，好きなところを紹介すること	ア事物の仕組みを説明した文章などを読み，分かったことや考えたことを述べる活動　イ読み聞かせを聞いたり物語などを読んだりして，内容や感想などを伝え合ったり，演じたりする活動　ウ学校図書館などを利用し，図鑑や科学的なことについて書いた本などを読み，分かったことなどを説明する活動

第3学年及び第4学年	読んだ内容などに関連した他の文章を読むこと，疑問に思った事などについて関係のある図書資料を探して読むことなど	ア 物語や詩を読み，感想を述べ合うこと イ 記録や報告の文章，図鑑や事典などを読んで利用すること ウ 記録や報告の文章を読んでまとめたものを読み合うこと エ 紹介したい本を取り上げて説明すること オ 必要な情報を得るために，読んだ内容に関連した他の本や文章などを読むこと	ア 記録や報告などの文章を読み，文章の一部を引用して，分かったことや考えたことを説明したり，意見を述べたりする活動 イ 詩や物語などを読み，内容を説明したり，考えたことなどを伝え合ったりする活動 ウ 学校図書館などを利用し，事典や図鑑などから情報を得て，分かったことなどをまとめて説明する活動
第5学年及び第6学年	読書発表会を行うこと，自分の課題を解決するために図鑑や事典などを活用して必要な情報を読むことなど	ア 伝記を読み，自分の生き方について考えること イ 自分の課題を解決するために，意見を述べた文章や解説の文章などを利用すること ウ 編集の仕方や記事の書き方に注意して新聞を読むこと エ 本を読んで推薦の文章を書くこと	ア 説明や解説などの文章を比較するなどして読み，分かったことや考えたことを，話し合ったり文章にまとめたりする活動 イ 詩や物語，伝記などを読み，内容を説明したり，自分の生き方などについて考えたことを伝え合ったりする活動 ウ 学校図書館などを利用し，複数の本や新聞などを活用して，調べたり考えたりしたことを報告する活動

20

図表1-2　中学校学習指導要領「読むこと」の言語活動の例示

	平成10（1998）年告示中学校学習指導要領	平成20（2008）年告示中学校学習指導要領	平成29（2017）年告示中学校学習指導要領
第1学年	第3　指導計画の作成と内容の取扱い 1　指導計画の作成に当たっては，次の事項に配慮するものとする。	ア様々な種類の文章を音読したり朗読したりすること イ文章と図表などとの関連を考えながら，説明や記録の文章を読むこと ウ課題に沿って本を読み，必要に応じて引用して紹介すること	ア説明や記録などの文章を読み，理解したことや考えたことを報告したり文章にまとめたりする活動 イ小説や随筆などを読み，考えたことなどを記録したり伝え合ったりする活動 ウ学校図書館などを利用し，多様な情報を得て，考えたことなどを報告したり資料にまとめたりする活動
第2学年	（5）第2の各学年の内容の「A話すこと・聞くこと」，「B書くこと」及び「C読むこと」の言語活動の指導に当たっては，学校図書館などを計画的に利用しその機能の活用を図るようにすること。	ア詩歌や物語などを読み，内容や表現の仕方について感想を交流すること イ説明や評論などの文章を読み，内容や表現の仕方について自分の考えを述べること ウ新聞やインターネット，学校図書館等の施設などを活用して得た情報を比較すること	ア報告や解説などの文章を読み，理解したことや考えたことを説明したり文章にまとめたりする活動 イ詩歌や小説などを読み，引用して解説したり，考えたことなどを伝え合ったりする活動 ウ本や新聞，インターネットなどから集めた情報を活用し，出典を明らかにしながら，考えたことなどを説明したり提案したりする活動
第3学年		ア物語や小説などを読んで批評すること イ論説や報道などに盛り込まれた情報を比較して読むこと ウ自分の読書生活を振り返り，本の選び方や読み方について考えること	ア論説や報道などの文章を比較するなどして読み，理解したことや考えたことについて討論したり文章にまとめたりする活動 イ詩歌や小説などを読み，批評したり，考えたことなどを伝え合ったりする活動 ウ実用的な文章を読み，実生活への生かし方を考える活動

私たちの読書は，まず，「耳からの読書」で始まる。読み聞かせである。それまで耳から入ってくるのはほとんどが話しことばであったものが，本の世界に触れて書きことばを知る。文字の存在を知り，自分で読むことを学んでいく。

　読む対象によって読み方も変わってくる。文学作品を読む場合には楽しみ読み，百科事典を読む場合には調べ読みである。調べ読みをするなかで要約や比較や分析といった情報を使う力の育成につながり，楽しみ読みをするなかで，登場人物と一体となって行動や感情を共有する蓄積が，豊かな人間性を涵養していく。

　生きる力とは，「よりよく問題を解決する資質や能力」と「他人を思いやる心や感動する心など，豊かな人間性」と「たくましく生きるための健康や体力」という資質や能力を指すものと，1996年の中央教育審議会答申で説明されている[注11]。まさに，読書によって培われる情報を使う力と豊かな人間性は生きる力につながり，学ぶ意欲を導き出すものである。どの教科にとっても学ぶ過程は，基本的には文字を読むことによって進められていく。読む力は，すべての学びの基盤なのである。

3　児童生徒の読書の必要性

（1）読書能力の発達

　子どもたちは，身体的にも精神的にも人間としての成長の途上にある。読書能力においても同様に発達段階にある存在である。

　「読書能力の発達は，一般的な傾向として，5つの段階とさらに下位の段階に分けられると提唱されている」として提示された図表1-3は，文部科学省の「子供の読書活動推進に関する有識者会議」第1回（2018年8月1日）配布資料である[注12]。

　この表から明らかなように，「成熟した読書人としての水準に達する」までには耳からことばを知る，字を覚える，自分で読む，語彙を増やす，イメー

図表1－3　読書能力の発達段階

読書能力の発達段階：読書能力の発達は，一般的な傾向として，5つの段階とさらに下位の段階に分けられると提唱されている。

年齢	読書能力
0 1 2 3 4	**前読書期**
	話し言葉で通信をしている段階。文字の存在を意識し，絵本に興味を示す
	読書入門期
	①　読みのレディネス促進期 　読み聞かせをせがむ時期。「この字は何という字？」などと親に尋ね，字を覚えていく。なぞなぞなどの言葉遊びが好きになってくる。
5	②　読書開始期 　かな文字が全部読めるようになる時期。1字ずつの拾い読みのため，時間がかかる。今まで読んでもらっていた本を自分で読もうとする。
6	**初歩読書期**
	①　独立読書開始期 　意味が簡単で，未知の語があまり出てこない文章を，ひとりで読み始める。速度は遅いが，読むことは楽しいことを実感する。
7	②　読書習慣形成期 　本を読む習慣がつき始める時期である。語彙の量が増え，新しいことばが出てきても，推測しながら文意をつかむことができる。文字で表された場面や情景をイメージすることができるようになってくる。
8	③　基礎読書力成熟期 　初歩の読書技術（円滑な眼球運動，正確な行がえ，1回の目の停留による把握文字数の増加等）が身につく時期である。本を終わりまで読み通すことができるようになる。また，自分の考えと比較しながら読むといった，創造的な読み方ができるようになる。
9	**多読期**
10	①　無差別多読期 　読書技術が発達して多読になり，目的に応じた読書ができるようになる時期。自発的になんでも読むようになるが，本の選択はまだ不十分である。理解と記憶がよくなり，読みの速度も大幅にアップする。参考資料や新聞をうまく利用できるようになる。

11	②	選択的多読期
12		語彙の量が飛躍的に増加する。また，自分のニードに合った読書材を適切に選択することができるようになる。内容を評価したり，鑑賞することができる。文章の内容によって読む速度を調整できるようになる。この段階で発達がとまる者，以後かたよった面だけが発達するものが出てくるおそれがある。
	成熟読書期	
13	①	共感的読書期
14		読書による共感を求めて，それに適合する読書材を選択する。多読の傾向は減少し，共感したり，感動する本に出会うと，何度も読むようになる
15		
16	②	個性的読書期
17 18 以降		読書の目的，資料の種類に応じて，適切な読書技術によって読むことができる成熟した読書人としての水準に達する時期である。学術論文なども読むことができるようになる。

読書教育研究会編著「読書能力の発達」『読書教育通論　児童生徒の読書活動』学芸図書　1995　pp.43-47 を一部改編，植松貞夫・鈴木佳苗（編）『現代図書館情報学シリーズ 6　児童サービス論』樹村房　2012　pp.1-11 より転載（文部科学省「有識者会議」第 1 回会議　配布資料）

ジする，目的に応じた読み方をする，読書材を選択する，などの段階がある。人間は孤独な存在ではない。関係的存在である。周囲のおとなは，子どもの読書能力の発達段階を把握して，読書の曲がり角にさしかかった場合にも，個々の子どもに寄り添い，読書の習慣化を目指す道筋を示し，その読書環境を充実させることができる。

（2）読書と意識と学力

　2012 年 3 月実施の国立青少年教育振興機構の「青少年調査（高校 2 年生 10,227 人，中学 2 年生 10,941 人対象の質問紙調査。2012 年 3 月実施）」によると，読書活動と現在の意識・能力の関係が次のように報告されている。

　「就学前から中学時代までに読書活動が多い高校生・中学生ほど，『未来志向』，『社会性』，『自己肯定』，『意欲・関心』，『文化的作法・教養』，『市民性』，『論理的思考』のすべてにおいて，現在の意識・能力が高い。

特に，就学前から小学校低学年までの『家族から昔話を聞いたこと』，『本や絵本の読み聞かせをしてもらったこと』，『絵本を読んだこと』といった読書活動は，現在における『社会性』や『文化的作法・教養』との関係が強い」(注13)。

また，川島隆太らが2010年から仙台市の全児童生徒を対象に調査してきた結果，「読書時間が長くなるほど成績が高くなっている」(注14)という結果を導き出している。これらの調査からは，読書経験が現在の意識や学力に肯定的な影響を及ぼしていることが認められよう。

（3）児童生徒の読書活動への支援・指導の必要性

「平成28年度子供の読書活動の推進等に関する調査研究」（文部科学省）によると，「現在本をあまり読まない理由（複数回答）」では，上位では小学生は「他にしたいことがあったから」「読みたいと思う本がないから」「ふだんから本を読まないから」，中学生は「他にしたいことがあったから」「他の活動で時間がなかったから」「ふだんから本を読まないから」，高校生は「他の活動で時間がなかったから」「他にしたいことがあったから」「ふだんから本を読まないから」が挙がっている(注15)。

小・中・高校生に共通に挙がっているのが「ふだんから本を読まないから」であり，児童生徒に読書習慣が身についていないことが明らかである。本が身近にあっても読書するとは限らない。本を児童生徒と結びつける手だて，結びつける周囲の人の存在が必要である。そして読むことにもトレーニングが必要である。

よく「おもしろい本ない？」と児童生徒は問う。ここにおとなが介在する必然性がある。本の世界と出会う，本の世界を楽しむ，本の世界を振り返る，本の世界を共有・交流するなどのそれぞれの局面にふさわしい支援・指導の方法がある。

とくに小学生の「読書をするきっかけ」は，「家族が一緒に本を読んだり図書館や本屋に連れて行ってくれたりすること」と「家の中で手にとりやすいところに本が置かれていること」が上位の2項目である(注15)。とくに小

学生は学校からの家庭への親子読書の働きかけが奏功する時期である。

　また，特別支援の必要な子どもたちや読みの遅い子どもたちへはきめ細かな関わりを留意する必要があるし，DAISY や LL ブックなど，それぞれの子どもの特徴にあった資料を用意すべきである。子どものつぶやきをおとなが繰り返しながら対話するなど，関わり方にも工夫が必要である。小学校高学年や中学生に対しては，身につき始めた読書習慣が継続するよう働きかけ，中学生や高校生には，読書の質を高めるような働きかけをしたいものである。

（堀川照代）

〈注〉

（注1）アドラー，M.J，ドーレン，C.V. 著，外山滋比古，槇未知子訳『本を読む本』　講談社　1997 年　p.19

（注2）脇明子『物語が生きる力を育てる』岩波書店　2008 年　p.77

（注3）脇明子『物語が生きる力を育てる』岩波書店　2008 年　p.77, 79, 84

（注4）本田和子「『読書だけ』の楽しみを探る」『教育と医学』45（1）　1997 年　p.21

（注5）内閣府「平成 29 年度青少年のインターネット利用環境実態調査報告書」　2018 年 3 月（http://www8.cao.go.jp/youth/youth-harm/chousa/h29/net-jittai/pdf-index.html［2019 年 7 月 1 日現在参照可］）

（注6）松崎泰, 榊浩平『「本の読み方」で学力は決まる 最新脳科学でついに出た結論』　青春出版社　2018 年　p.38

（注7）新井紀子『AI vs. 教科書が読めない子どもたち』東洋経済新報社　2018 年　p.3-4

（注8）国立教育政策研究所『OECD 生徒の学習到達度調査：2015 年　調査国際結果の要約』2016 年　p.7

（注9）文化審議会答申「これからの時代に求められる国語力について」2004 年　p.20（http://www.mext.go.jp/b_menu/shingi/bunka/toushin/04020301/015.pdf［2019 年 7 月 1 日現在参照可］）

（注10）文部科学省「読解力向上プログラム」2005 年 12 月（http://www.mext.go.jp/a_menu/shotou/gakuryoku/siryo/05122201/014/005.htm［2019 年 7 月 1 日現在参照可］）

（注 11）　中央教育審議会第一次答申「21 世紀を展望した我が国の教育の在り方
　　　について」（http://www.mext.go.jp/b_menu/shingi/old_chukyo/old_chukyo_
　　　index/toushin/attach/1309634.htm［2019 年 7 月 1 日現在参照可]）
（注 12）　文部科学省「「子供の読書活動推進に関する有識者会議」第 1 回（2018
　　　年 8 月 1 日） 配 布 資 料 」（http://www.mext.go.jp/b_menu/shingi/chousa/
　　　shougai/040/shiryo/__icsFiles/afieldfile/2017/11/16/1398149_005.pdf#search=
　　　%27%E8%AA%AD%E6%9B%B8%E8%83%BD%E5%8A%9B%E3%81%AE%E7
　　　%99%BA%E9%81%94%27［2018 年 11 月 17 日現在参照可]）
（注 13）　国立青少年教育振興機構「子どもの読書活動の実態とその影響・効果に関
　　　する調査研究　報告書［概要]」 2013 年 2 月
（注 14）　松崎泰，榊浩平『最新脳科学でついに出た結論「本の読み方」で学力は決
　　　まる』 青春出版社　2018 年　p.18
（注 15）　平成 28 年度文部科学省委託調査『子供の読書活動の推進等に関する調査
　　　研究報告書』浜銀総合研究所　2017 年 3 月　p.43

第II章　　読書教育の系譜

1　日本の読書教育

（1）読書指導と読書教育

　文部科学省が示した「司書教諭の講習科目のねらいと内容」のねらいには，「児童生徒の発達段階に応じた読書教育の理念と方法の理解を図る」とある。読書教育という概念は，読書が教育と結びつくことにより成り立つ。

　学校において読書活動の推進は大事であるが，読書活動が目標ではなく，読書活動による読書教育が重要だと考える。読書指導という用語もある。「教育」のほうが「指導」より上位概念と言えるだろう。黒沢浩は，「学校教育において多様な読書の指導が実践されていく過程で，読書を通して豊かな人間形成を図るための教育活動を総合的にとらえるときに，『読書教育』が包括的に実態を表すことばとして理解されるようになった」^{（注1）}としている。本章では，具体的な指導内容や方法に限らず，幅広く読書教育をとらえて述べることとする。

　さて，読書教育とは，読書による教育と読書そのものの教育が考えられる。そのどちらも教育内容とし，学校教育において指導することにより，個人の自由な読書生活がより豊かになると考える。

（2）近代日本の読書教育

①江戸から明治へ

　わが国の学校教育制度は，1872 年の学制公布に始まり，6 歳以上の男女はすべて小学校に通うように定められた。江戸時代には，藩校や寺子屋があったが，一部の学ぶ機会を与えられた子どもだけであった。寺子屋では，『論語』『孟子』などの「四書」「五経」や「往来物」といわれる教科書を素読してい

た^(注2)。「表紙の色によって，赤本，黒本，黄表紙，合本にわかれるが，いずれも薄い小型の綴じ本で，昔話，づくし物，武者絵本などがあった」^(注3)。草双紙と呼ばれる「絵本」も子どもたちに読まれていたようだ。

　明治時代には，文部省が「公立書籍館」の設置を進め，「学校ニ附属スルモ可ナリ」としたため，学校図書館ではないが，「学校の中に図書館があることにより，学校教育の中での活用や利用の指導を行うなど，学校図書館としての働きを併せもつものもみられた」^(注4)という。

② 大正自由教育

　明治末期から大正初期には，ジョン・デューイ（John Dewey），モンテッソリー（M.Montessori），エレン・ケイ（Ellen Key）などによる欧米の新教育の影響を受け，新しい学校の設立や新教育の理念を掲げた教育実践が行われるようになった。「大正自由教育」と呼ばれる教育実践である。

　塩見昇は，これらの学校が児童文庫や自習室を設置したことを記し，「それは，教育の要請としての学校内に設けられることになった図書館だという意味で，わが国の学校史における本格的な学校図書館の登場といってよい」^(注5)と述べている。主な新学校には，成蹊小学校，成城小学校，自由学園，明星学園，児童の村小学校などがある。公立学校での実践は，なかなか難しく，師範学校附属小学校が担ったようだ^(注6)。

　大正自由教育が広がる中で，1924年5月14日，文部省は，教科書以外の図書などの使用を批判する内容の通牒を発し，その年の9月5日，松本女子師範附属小学校の授業を文部省の視学委員が参観し，教科書を使用していない川井清一郎訓導の授業を批判し，川井訓導は，9月27日に休職処分になった。川井訓導事件である。川井訓導は，4年生の修身の授業で，教科書を使わず，森鴎外が著した「護持院原の敵討」を使用した。さらに，「西日本における新教育実践の中心的な存在であった奈良女高師附小に対しても，川井訓導事件の翌月，文部省は教科書を使用していないことへの非難を寄せ，さらに11月7日，森岡督学官を派遣して「新教育」の実態を査察させ，教科書使用の義務づけ，特設学習の制限，児童中心主義の行きすぎ是正を指示」^(注7)した。

一方で昭和初期には，文部省が昭和天皇即位の御大典記念事業として，児童文庫作りを提唱した。

　また，国分一太郎，滑川道夫，寒川道夫など「生活綴方」に打ち込んだ教師たちは，教科書にとどまらず単行本や新聞，雑誌による学習を行った。静岡県の教員，戸塚廉は，自己負担で「子ども図書館」を設け，さらに「青年図書館」も充実させ，父母にも読書を奨励した(注8)。しかし，日本は戦時体制に入り，学校教育も図書館も読書も戦時体制に組み込まれていった。

2　学校図書館の創設期

（1）戦後の教育改革

　1945年8月14日，日本は，ポツダム宣言を受諾し，翌15日にこのことを伝える玉音放送が流され，9月2日に降伏文書に署名した。

　アメリカ軍のマッカーサー（D.MacArthur）を最高司令官とする連合国軍総司令部（GHQ）の指導により，日本は民主主義の世の中を歩み始め，占領軍司令部からは，教育に関するいわゆる「四大指令」が次々と出された。

・10月22日「日本教育制度ニ関スル管理政策」

　「軍事教育の学科・教練の廃止，使用中の教科書・教材の再検討と軍国主義・超国家主義的な箇所の削除，文部省に総司令部と連絡をとれる機関を設置すること」などを内容とする

・10月30日戦犯教師追放の指令

・12月15日神社神道に対する援助・監督の廃止指令

・12月31日「修身・日本歴史及ビ地理停止ニ関スル件」(注9)

　子どもたちは，使用していた教科書の軍国主義的な箇所や超国家主義的な箇所を墨で塗りつぶして使ったことは，語り継がれている。

　1946年11月3日には，国民主権・基本的人権の尊重・平和主義の三原則を掲げた日本国憲法が公布され，翌年5月3日から施行された。

　1947年3月20日，学習指導要領一般編（試案）が発行され，社会科・家

庭科という新しい教科と自由研究が設けられた。同年中に，各教科編も次々
と発行された。

　3月31日，民主主義教育の基本を示した教育基本法と学校教育法が公布
され，5月23日制定の学校教育法施行規則には，図書館または図書室の必
置が記された。

（2）学校図書館の誕生

　1947年の初めのころ，文部省にいた深川恒喜は，他の数名と総司令部に
呼ばれ，「学校図書館の手引」作成を依頼される。1948年12月15日，日本
で最初の「学校図書館の手引」が発行され，その伝達講習会が千葉県の鴨川
と奈良県の天理市で行われた。現在，「学校図書館の手引」は，国立国会図
書館デジタルコレクションで閲覧できる。

（3）アメリカ教育使節団の来日

　1946年3月，連合国軍総司令部の要請により，アメリカ国務省は，日本
の戦後教育制度について助言するために教育使節団を派遣した。教育使節団
は，5日と7日の2班に分かれて来日し，3月30日に「米国教育使節団報
告書」を連合国軍総司令部に提出し，4月1日に帰国した。

　この報告書には，図書館の必要性と優れた授業の特徴として学校内外の図
書館の利用も促している。初等・中等教育において学校図書館という項はな
いが，知識注入型でなく，自ら課題を持って調べ，進んで学ぶ教育を推進す
るために学校図書館が重要であるという理念を読み取ることができる。また，
優れた児童書の収集の必要性と児童期の読書が重要であると読み取ることが
できる。

　1950年8月27日第二次訪日アメリカ教育使節団が来日し，9月22日には，
「第二次訪日アメリカ教育使節団報告書」が提出されている。この報告書は，
「教材センター」という項を起こし学校図書館について述べられている。

教材センター

　図書館用書籍並びにその他の教材が各学校に適切に備えられるべきである。学校図書館は単に書籍ばかりでなく，日本人の，あのまれにみる芸術的才能をもって教師と生徒が製作した資料を備えるべきである。たとえば林業についての教材としては，木材の標本，今日の伐木法を示した絵，りっぱな植林地の絵などを含むことができるであろう。

　これらはどれも比較的金のかからないものであろう。

　資金が多くもらえるにつれて，幻灯や映画もさらに加えることができる。

　教材センターとしての学校図書館は，生徒を援助し指導する司書をおいて，学校の心臓部となるべきである[注10]。

　米国教育使節団は，受入の準備に「使節団に協力すべき日本教育家の委員会を任命」することを指示し，南原繁東京大学総長はじめ 29 名の委員会ができ[注11]，南原氏らは，「他人まかせだけにはしてはおけない」と建議書を作成，アメリカの使節団と日本の政府に提出した[注12]。

　1945 年 9 月 15 日文部省は，早々に「新日本建設ノ教育方針」を出し[注13]，1946 年 5 月 15 日，6 月 30 日，11 月 15 日，1947 年 2 月 15 日[注14]に 4 冊からなる「新教育指針」を作成し，全国の学校に配布し，第二次訪日アメリカ教育使節団にも報告書を提出している[注15]。

（4）全国学校図書館協議会の設立と「学校図書館法」の制定

　戦後いち早く学校図書館の建設にとりかかった小学校に，東京の港区立氷川小学校が挙げられる。校長の久米井束は，戦前から文学教育に熱心であり，戦後の荒廃からの復興の目玉に学校図書館を選んだ。久米井校長に招聘された増村王子は，司書教諭第 1 号である。同校は，1953・54 年度（昭和 28・29 年度）文部省の学校図書館実験校を引き受け，1957 年には，「小学校における学習指導と図書館活動」を出版している[注16]。

　1950 年 2 月 27 日，氷川小学校を会場に全国学校図書館協議会（全国

SLA）の結成大会が開かれた。

　前年の「学校図書館の手引」伝達講習会にて，各都道府県毎に研究会を結成し，全校組織を結成することが東京代表の松尾弥太郎により提案され，国立教育研究所の図書教育研究協議会と共済の準備会には，全国から学校図書館担当指導主事，学校関係者が約 150 名集まった。初代会長に久米井校長を選出し，事務局を氷川小学校内に置き，松尾が事務局長に就任した[注17]。

　1953 年 7 月，全国学校図書館協議会の署名運動と学校図書館振興政策を掲げた政党の存在，力を貸した超党派の代議士たちの働きにより，学校図書館法が制定された[注18]。

　しかし，第 5 条に「学校には，学校図書館の専門的職務を掌らせるため，司書教諭を置かなければならない」とあるも，「当分の間，置かないことができる」という附則第 2 項が附され，1997 年の学校図書館法一部改訂後，2003 年まで「当分の間」が続くこととなった。そのため，司書教諭は置かれず，校務分掌の 1 つとして図書係が置かれ，司書教諭講習を受けていない者や新卒者も多くいた。司書教諭は，現在も 11 学級以下の学校は，必置ではなく，学校司書配置も努力義務になっている。

3　戦後の教育の変遷

（1）学習指導要領の変遷[注19]

①戦後教育の始まり

　激動の昭和時代，1945 年は，わが国が 180 度転換した年であった。当時の思いを今村秀夫が『学校図書館五十年史』で回想している。

　　昨日まで，われわれの上に降り注がれていた情報が，真実とは程遠いものであるといわれ，新しく聞く史実との相違にも人々は半信半疑である。占領下の不気味な不自由な，まさに虚脱混乱の時代であった。それでも，これらの，社会のドラスティックで明るい未来を覚える民主主義

改革に，人々の多くは胸ときめかす思いすらしていた[注20]。

　1947 年初めての学習指導要領（試案）が発表され，社会科，家庭科，自由研究が設置されたが，自由研究は，1951 年版ではなくなっている。
　戦後，日本の教員たちが，「新教育」に戸惑ったのは，容易に想像がつく。人々の暮らしは，焼け野原では住む家もなく，食べるものもままならない。学校図書館の建設どころか，教育が復興するまでには，二部授業・三部授業，一クラス 60 人以上の学級，特別教室の建設も思うように進まず，教材・教具は不十分，といった状態が続いた。アメリカの教育使節団は，自ら課題をもって調べ，進んで学ぶ教育の推進を奨励したが，資料もなければ指導法もわからなかったろう。1950 年頃には，基礎学力の低下が教育界や父母の一部の間で問題になっていた。

②系統学習への転換
　文部省は，1957 年 1 月号の『初等教育資料』で「初等教育の反省」という特集を組み，その巻頭言で，児童の自発的学習やその志向・興味に基づく教育が行われる反面，学習指導，道徳教育，生活指導が十分徹底していない，児童の生活経験に基づく学習指導が行われる反面，基本的な知識や原理・原則の把握が不十分であるという「反省」を述べている[注21]。文部科学省の「小学校学習指導要領（平成 29 年告示）解説総則編　学習指導要領等の改訂の経過」でも同様の分析をしている。
　1958 年の学習指導要領から「試案」が消え，系統性と教育の効果と能率を高めることを重視した。
　学習指導要領における学校図書館活用や読書の扱いは，小学校と中学校は，ほぼ同じ表現が見られる。総則には，「各教科の内容に関する事項は，特に示す場合を除き，いずれの学校においても取扱うことを必要とするものである。各学校において，特に必要と認められる場合には，第 2 章に示していない事項を加えて指導することをさまたげるものではない。しかし，いたずらに指導する事項を多くしたり，程度の高い事項を取扱ったりして，学年別の目標や内容の趣旨を逸脱し，または児童の負担過重とならないよう慎重に配

慮すること」とあり，授業での学校図書館の必要性が失せていった。

　「各教科，道徳，特別教育活動および学校行事等の指導を能率的，効果的にするため」の留意事項に学校図書館活用が取り上げられているが，「学校図書館の資料や視聴覚教材等については，これを精選して活用するようにすること」となっている。「精選して」に重きを置くか，「活用」に重きを置くかは，解釈の相違がありそうだが，実際には，一斉購入していた「資料集」などの教材による授業が行われ，掛け図や写真などを，ここぞというときに，教員が提示していた。一方，国語の各学年の目標には，読書の目標が掲げられていた。

　1968年から1970年の改訂では，小学校から高等学校まで，総則に「教科書その他の教材・教具を活用し，学校図書館を計画的に利用すること」と記され，「精選」から「計画的に」と，一歩進んだ表現になったといえよう。また，視聴覚教材の適切な選択と活用も記された。

　小学校学習指導要領では，国語で「読むことの指導については，日常における児童の読書活動も活発に行なわれるようにするとともに，他の教科における読書の指導や学校図書館における指導との関連をも考えて行なうこと。また，児童の読む図書の選定に当たっては，国語科の目標を根底にして，人間形成のため幅広くかたよりのないようにすること」と，読書指導は国語科だけで行うものではなく他教科における読書の指導が記され，特別活動で「学級指導」の内容に「学校図書館の利用指導」が入れられた。

　系統的な学習指導が進むと，「知識偏重」「落ちこぼれ」「○×思考」「テストの点数だけ良くても社会に出て，役に立たない」などの批判や懸念が出てきた。

③ゆとりと充実

　1977年，1978年の改訂では，「自ら考え正しく判断できる児童生徒の育成」を重視し，「ゆとりと充実」政策を打ち出した。各教科の指導内容を精選し，標準授業時数を削減し，「ゆとりの時間」を設定した。円周率が3になったと，指導内容と授業時間の削減ばかりが話題になったが，系統的に効率よく教授するのではではなく，児童生徒を主体とした学びへの過渡期と考えたい。

小学校・中学校・高等学校とも総則で「視聴覚教材などの教材・教具や学校図書館を計画的に利用すること」と表現が簡素化された。国語の各学年毎の目標には，引き続き，読書の目標が記されているものの，内容が「言語事項」「表現」「理解」となってしまったため，読書の指導事項が曖昧になってしまった。

　1989年の改訂では，「自ら学ぶ意欲と社会の変化に主体的に対応できる能力の育成」が重視され，体験的な学習や問題解決的な学習を重視するようになり，生活科が誕生した。小学校・中学校は，特別活動の学級活動に，高等学校は，特別活動のホームルーム活動に，学校図書館の利用と情報の適切な活用が入れられた。

④生きる力の育成

　1998年の改訂では，確かな学力，豊かな心，健やかな体の3要素から成る「生きる力の育成」が示された。小学校・中学校・高等学校とも「総合的な学習の時間」が創設され，2008年（平成20年）の改訂では，「総合的な学習の時間」の趣旨やねらいなどを総則から取り出し新たに第5章として位置づけられた。

　教科書がなく学校の裁量に任された「総合的な学習の時間」は，国際理解，情報，環境，福祉，健康の5つを取り上げて，体験したり，ゲストティーチャーを呼んで出前授業をしてもらったり，教員が学びのステージを作る授業実践が多く見られたが，学校図書館の活用をした実践も進んだ。

　2008年の改訂も「生きる力の育成」を引き継ぎ，知識や技能の習得はもちろんのこと，それらを活用して思考力・判断力・表現力を育成することや探究的な学習を重視した。1998年の改訂では，国語に「読むこと」が復活し，2008年の改訂では，OECD実施のPISA型読解力の育成を念頭に置く「言語活動の充実」が改訂の第一の柱になり，読書活動の推進と学校図書館の活用が重視されている。

⑤2017年，2018年改訂

　2017年，2018年改訂も引き続き「生きる力の育成」を引き継ぎ，2008年版を発展させてはいるものの，すべての教科等を，「知識及び技能」「思考力，

判断力，表現力等」「学びに向かう力，人間性等」の３つの柱で再整理するという大きな改訂を行っている。

　教科での学習が，児童生徒が自ら知識や技能を習得し，それを活用する授業へとなりつつある中で，探究的な学習は総合的な学習の時間でしか行われなかったり，体験だけまたはインターネットのみで調べる学習が行われていたりする現状も見られる中で，「主体的・対話的で深い学び」をキーワードとした授業改善のため，各学校でのカリキュラム・マネジメントの確立を謳っている。

　とくに注目するべき点は，総則の「教育課程の実施と学習評価」で授業改善の配慮事項に言語活動・読書活動の充実と学校図書館活用がそれぞれ位置づけられている点である。

　小学校・中学校・高等学校とも国語（国語科）の内容に読書と学校図書館活用が記され，特別活動での学校図書館活用がキャリア教育と結びつけられている。さらに，芸術科目の鑑賞での学校図書館活用とそのための学校図書館整備も記されている。

4　子どもの本の変遷

（1）明治から戦前まで

　わが国最初の子ども向けの物語は，巌谷小波の『こがね丸』（1891 年）で，勧善懲悪の仇討ち物である。1896 年には，森田思軒によりヴェルヌ原作『十五少年』が出版されている(注22)。

　1918 年鈴木三重吉は，『赤い鳥』を創刊し，「それまでの教訓的なお伽噺や大衆的な子どもの読み物ではなく，芸術性の高い作品を」目指し，「子どもの純粋無垢な心を描こうと」した。芥川龍之介『蜘蛛の糸』は，創刊号に掲載され，その後「魔術」「杜子春」「アグニの神」といった作品を世に送り出した。掲載作品には，小川未明「月夜と眼鏡」，有島武郎「一房の葡萄」，北原白秋「赤い鳥小鳥」「あわて床屋」「この道」「からたちの花」，西条八十

「かなりや」などがあり，新美南吉や坪田譲治などを見出している^(注23)。

宮沢賢治は，生前は，「注文の多い料理店」（1924 年）のみの刊行であった。

戦時色が強まると，佐藤紅緑「あゝ玉杯に花うけて」，田河水泡「のらくろ上等兵」（漫画）など，出版状況も戦時色が強まった。

（2）戦後の児童文学

戦後，いぬいとみこ「ながいながいペンギンの話」（1957 年），佐藤さとる「だれも知らない小さな国」（1959 年）山中恒「赤毛のポチ」などを契機に，それまでの童心主義的な短編童話ではなく，子どもの立場に立った長編作品が次々と出版された。この 3 人の作家を取り上げて，横谷輝は，「日本の児童文学に新しいリアリズムの道を切り開いた」と評価し，「それを保証したものは，戦争体験，戦後体験にしっかりと足をつけることによって，なにかあるものに自己を解消することなく，現実への能動的な働きかけを持続させた作家の行動です」^(注24)と分析している。

石井桃子は，「岩波の子どもの本」（1953 年〜）の編集長として「ちいさいおうち」「ひとまねこざる」「はなのすきなうし」などを出版した^(注25)。福音館書店の松居直は，「こどものとも」（1956 年〜）の編集長となり，多くの作家を発掘して育てた^(注26)。

1977 年には，離婚した父と娘を扱った今江祥智「優しさごっこ」が出版され，恋愛・性・自殺・家出・離婚などがテーマとして取り上げられ，受験やいじめなど，学校教育が直面している問題を反映した作品が出版されるようになった。いじめを扱った小沢昭己「とべないホタル」（1988 年）はアニメ化され，青木和雄「ハッピーバースデイ」（1997 年）は文芸書として新たに刊行され，映画化・ドラマ化・アニメ化もされ，話題となった。

1989 年，学習指導要領に生活科が，1998 年，総合的な学習の時間が創設されると，「生活科」「総合的な学習の時間」という言葉が表題に入った「セット販売」の書籍が数多く出版された。授業で学校図書館資料を活用することが認識されていった点では評価できるが，草花も虫も町探検も，「生活」という表題ですべて 3 類に配架されている光景も多く見られた。本来は，学校

図書館資料すべてが生活科や総合的な学習の時間の対象となるべきである。

　LGBT や子どもの貧困など新たなテーマ，「YA」（ヤングアダルト）向け，LL ブック（やさしい本）など今日の出版状況は，多様である。2014 年には上橋菜穂子が，2018 年には角野栄子が，国際アンデルセン賞を受賞した。

　一方，年齢が高くなるにつれての読書離れは続き，授業での学校図書館活用も十分ではない。おとなも子どもも本に親しんでもらうよう，出版業界や書店の努力と工夫が見られ，マスコミで取り上げられるが，商品として売ることを第一に考えた本の出版も目立つ。子どもたちにどのような本を渡していけば良いのか，今一度考えていきたい。

5　読書教育を進めてきた人たち

（1）学校図書館創設期

　戦後，深川恒喜らの「学校図書館の手引」作成助言のため，来日したアメリカの学校図書館専門家グレハム女史（Mary Graham）は，お茶の水女子大学での講演で，「もし，わたしがステッキをもっていたら，日本の学校図書館で本がかぎのかかったガラス戸の中にとじこめられているのを，うちやぶってしまうだろう」と話し，深川はその言葉に感銘したという[注27]。この精神は，今も生きている。

　深川は，「学校図書館の手引」作成を機に学校図書館の研究を深めていき，文部省の学校図書館担当というばかりでなく，教育課程に寄与する学校図書館を推進した一人として重要な役割を果たした。

　深川恒喜とともに「学校図書館の手引」を作成した人物は，他に阪本一郎，滑川道夫などがいる。

　阪本一郎は読書心理学を専門とし，日本読書学会設立のメンバーの一人で「『読書人格』の形成」を唱え，読書によって包括的な生活指導を果たそうとし，「漫画を読むことも，辞書をひくことも，汽車の時刻表をみることも，みなりっぱな読書であり，このような生活活動の全面を組織的に指導するのでなけれ

ば，りっぱな人格は形成されない」[注28]という考え方に立った。坂本の読書能力の発達と読書興味の発達の研究は，長い間，発達段階に応じた読書指導の参考にされてきた。

滑川道夫が勤務していた成蹊小学校は，1915年（大正4年）に開校し，設立趣旨で「自学自習の習慣の確立」を述べ，「教科書だけの読解では，真の読む力とならない」と，児童の読書活動を重視してきた[注29]。滑川は，綴り方教育や読書指導など実践研究を進め，読書指導は，「ひろく読書に関する生活指導」であり，「児童生徒が現在および将来の生活の中で必要とされる読書に関する態度・習慣・技術・知識・能力を指導すること」であるとしている[注30]。

全国学校図書館協議会は，1950年2月27日〜3月1日「全国学校図書館研究大会（全国学校図書館協議会結成大会と併催）」を東京氷川小学校で開催し，同年9月機関誌『学校図書館』を創刊し，一貫して理論と実践の研究と普及に取り組んでいる[注31]。

（2）親子読書・文庫

戦後，氷川小学校に司書教諭として勤務した増村王子は，山本有三が自宅を東京都に寄贈した「有三青少年文庫」にて，柳内達夫とともに，小学校3年生を対象とした読書指導と学校貸出の「竹の子文庫」を1959年に開設した。1963年に赴任していた代田昇は，1967年に「日本子どもの本研究会」を設立，増村も創設メンバーとなり，会長を務めた。

「片耳の大鹿」や「大造じいさんとガン」など多くの動物文学を著した椋鳩十は，鹿児島県立図書館長として1960年5月のこどもの日に「親子20分読書」を県下一斉にスタートし，翌年「母と子の20分間読書」（あすなろ書房）を刊行し[注32]，親子読書は，たちまち全国に広がった。

1952年村岡花子主催「道雄文庫ライブラリー」が開設[注33]，1955年土屋滋子主催「土屋児童文庫」翌年「入舟町土屋児童文庫」など家庭文庫が次々と設立されていった[注34]。地域を主体として地域文庫も広がっていった。

1974年「土屋児童文庫」「入舟町土屋児童文庫」，「岩波少年文庫」の創刊

時の編集者で児童書の翻訳者でもある石井桃子主催の「かつら文庫」，松岡享子主催「松の実文庫」の四つの家庭文庫が母体となり，子どもの本と読書を専門とする私立図書館「東京子ども図書館」が東京都中野区に設立された^(注35)。

（3）国語教育・文学教育の研究

　戦後の教育改革で国語教育の内容も大きく変わり，国語教育の中で文学教育をどのようにとらえ，どのように指導したらよいか，関心が高まった。

　1946 年「日本児童文学者協会」が創立し，文学教育の推進が提唱された。同年創立した「日本文学協会」は，日本文学ならびに国語教育の研究推進を目的とした。1948 年全日本国語教育協議会の第 1 回研究集会で，時枝誠記と西尾実の「言語教育か文学教育か」の論争が始まる^(注36)。1956 年「日本文学教育者連盟」が発足，1960 年代は，毎年さまざまな国語教育や文学教育の著書が出版され，1964 年には「一読総合法」と教育科学研究会国語研究部会の「三段階の指導過程」，翌年には西郷竹彦による「文芸学」の提起がされ，研究者による論争も華々しかった^(注37)。

　1958 年の学習指導要領改訂により，系統的で効率よい学習指導になり「教育課程の展開に寄与する」学校図書館の目的は薄らいでいくが，読書運動や文学教育などを進める人々により，学校図書館は支えられていたと言えるだろう。そのため，「健全な教養を育成する」という「読書センター」中心の学校図書館となり，文学が多数を占める蔵書構成となっていたことは否めない。

（小川三和子）

〈注〉
（注 1 ）黒沢浩「学校図書館の読書指導」前掲『学校図書館五十年史』全国学校図書館協議会　2004 年　p.183
（注 2 ）私市保彦「こどもの本 − 歴史と現状，海外と日本」『新・こどもの本と読

　書の事典』黒沢浩他編　ポプラ社　2004 年　p.12

（注３）中村悦子「絵本の歴史」同上　p.31

（注４）塩見昇『日本学校図書館史　図書館学大系第 5 巻』全国学校図書館協議会
　　　1986 年　p.15

（注５）同上　p.58

（注６）同上　p.54

（注７）同上　p.79

（注８）黒沢浩「学校図書館」『新・こどもの本と読書の事典』前出　p.152

（注９）塩見昇　前出　p.143-144

（注 10）同上　p.128

（注 11）同上　p.23-25

（注 12）同上　p.39-40

（注 13）伊ケ崎暁生・吉原公一郎『戦後教育の原典 1　新教育指針』現代史出版会
　　　1975 年　p.30-31

（注 14）同上　p.10

（注 15）塩見昇　前出　p.148

（注 16）増村王子『本とわたしと子どもたち』国土社　1986 年

（注 17）塩見昇　前出　p.165-167

（注 18）同　p.167-171

（注 19）2008 年（平成 20 年）以前の学習指導要領は、「国立教育政策研究所」作
　　　成の「学習指導要領データベースインデックス」より閲覧（https://www.nier.
　　　go.jp/guideline/ ［2019 年 3 月 20 日現在参照可］）

（注 20）今村秀夫「第 1 章若々しい民主主義と学校図書館の誕生」前掲『学校図書
　　　館五十年史』　p.18

（注 21）文部省「昭和三十一年度を送るに当って」『初等教育資料』No.83　東洋館
　　　出版　1957 年 3 月　巻頭言

（注 22）私市保彦「こどもの本－歴史と現状，海外と日本」前掲　p.13

（注 23）『『赤い鳥』創刊 100 年―誌面を彩った作品と作家たち」国立国会図書
　　　館国際子ども図書館展示会　2018 年 9 月 9 日～ 2019 年 1 月 20 日　パンフレッ
　　　ト（http://www.kodomo.go.jp/event/exhibition/pdf/tenji2018-03_booklet.pdf
　　　［2019 年 3 月 20 日現在参照可］）

（注 24）横谷輝「子どもの文学とはなにか」『子どもと文学』横谷輝・渋谷清視
　　　鳩の森書房　1970 年　p.136

（注 25）中村悦子「絵本の歴史」前出　p.32

（注 26）「子どもの本の人物紹介」同上　p.364

（注 27）深川恒喜　前出　p.49-52

（注 28）阪本一郎「『読書人格』の形成」『学校図書館』No.13　全国学校図書館協議会　1951 年　11 月号　p.10

（注 29）塩見昇　前出　p.58-59

（注 30）滑川道夫『こどもの読書指導　ほうむらいぶらり（教育の部）3』国土社　1949 年　p.53

（注 31）全国学校図書館協議会「学校図書館 50 年史年表」編集委員会『学校図書館 50 年史年表』全国学校図書館協議会　2001 年　p.22-24

（注 32）「＜座談会＞椋鳩十と親子読書運動」『子どもの本棚』臨時増刊 51 号　日本子どもの本研究会　1989 年　p.56

（注 33）村岡恵理『アンのゆりかご：村岡花子の生涯』新潮社　2011 年　p.417

（注 34）関日奈子「家庭・地域文庫」『新・こどもの本と読書の事典』前出　p.137

（注 35）東京子ども図書館＞当館を知る＞沿革あゆみ『東京子ども図書館』(http://www.tcl.or.jp/%e6%9d%b1%e4%ba%ac%e5%ad%90%e3%81%a9%e3%82%82%e5%9b%b3%e6%9b%b8%e9%a4%a8%e3%81%ab%e3%81%a4%e3%81%84%e3%81%a6/%e6%b2%bf%e9%9d%a9%e3%83%bb%e3%81%82%e3%82%86%e3%81%bf/［2019 年 3 月 23 日現在参照可]）

（注 36）久米井束「文学教育の歴史と展望」『文学教育の原理と方法　文学教育実践シリーズ 1』日本文学教育連盟　日本標準　1974 年　p.206-213

（注 37）田近洵一『戦後国語教育問題史』大修館書店　1991 年　p.362-363

第III章　読書指導と学校図書館

1　読書指導と学校図書館

（1）学校図書館とは

　近年，国語の教科書におすすめの本が紹介され，朝読書などの一斉読書の時間を設定している学校も多い。これらの読書活動は，学校図書館を活用することにより，児童生徒の読書生活がより豊かになる。探究的な学習も体験のみやインターネット検索のみでの情報収集にならないように，学校図書館を有効に活用したい。

　学校図書館について第一に理解したいことは，学校図書館は，学校の教育設備であり，「教育課程の展開に寄与する」「健全な教養を育成する」という2つの目的と「読書センター」「学習センター」「情報センター」という3つの機能を有するということである。

　1947年に学校教育法制定に伴い定められた学校教育法施行規則では「図書館又は図書室」が「学校の目的を実現するため」の必置の設備の1つとして挙げられている。

　　　第1条　学校には，その学校の目的を実現するために必要な校地，校舎，校具，運動場，図書館又は図書室，保健室その他の設備を設けなければならない。

　1953年に制定された学校図書館法には，学校図書館が「学校教育において欠くことのできない基礎的な設備であること」が明記され，第2条には，学校図書館法が対象とする学校，学校図書館資料とは何か，学校図書館の利

用者，学校図書館の目的が定義されている。

　　第1条（この法律の目的）この法律は，学校図書館が，学校教育において欠くことのできない基礎的な設備であることにかんがみ，その健全な発達を図り，もつて学校教育を充実することを目的とする。

　　第2条（定義）この法律において「学校図書館」とは，小学校（義務教育学校の前期課程及び特別支援学校の小学部を含む。），中学校（義務教育学校の後期課程，中等教育学校の前期課程及び特別支援学校の中学部を含む。）及び高等学校（中等教育学校の後期課程及び特別支援学校の高等部を含む。）（以下「学校」という。）において，図書，視覚聴覚教育の資料その他学校教育に必要な資料（以下「図書館資料」という。）を収集し，整理し，及び保存し，これを児童又は生徒及び教員の利用に供することによって，学校の教育課程の展開に寄与するとともに，児童又は生徒の健全な教養を育成することを目的として設けられる学校の設備をいう。

「読書センター」「学習センター」「情報センター」という3つの機能は，2014 年，学校図書館担当職員の役割およびその資質の向上に関する調査研究協力者会議「これからの学校図書館担当職員に求められる役割・職務及びその資質能力の向上方策等について（報告）」に示され，2016 年の「学校図書館ガイドライン」に明示された。

「学校図書館ガイドライン（1）学校図書館の目的・機能」より
　　学校図書館は，児童生徒の読書活動や児童生徒への読書指導の場である「読書センター」としての機能と，児童生徒の学習活動を支援したり，授業の内容を豊かにしてその理解を深めたりする「学習センター」としての機能とともに，児童生徒や教職員の情報ニーズに対応したり，児童生徒の情報の収集・選択・活用能力を育成したりする「情報センター」

としての機能を有している。

「教育課程の展開に寄与する」とは，授業や読書指導に学校図書館を活用
することである。「健全な教養を育成する」とは，読書の指導を行うことで
ある。そして，読書においても，学習においても，情報活用能力育成におい
ても「センター」としての機能を学校図書館が担うことである。

　学校図書館は，一部の教員や児童生徒が必要に応じて利用する施設ではな
く，全児童生徒および教員が利用者として，日々の学校教育で意図的計画的
に，時には自由に，活用される設備である。

　詳しくは第Ⅶ章以降で，読書の指導とそれにともなう学校図書館活用をど
のように行ったらよいか，司書教諭や学校司書はどんな任務を担っているの
か，実践例を交えて取り上げる。

（2）学校図書館資料とは

　本は，図書または図書資料と同義語であるが，学校図書館資料は，本だけ
を指すのではない。学校図書館法第2条には，「図書，視覚聴覚教育の資料
その他学校教育に必要な資料」を「以下図書館資料という」と定義している。
つまり，視聴覚教育の資料も含め，児童生徒が学習に利用する資料すべてが
学校図書館資料である。

　図書館法や学校図書館法では，制定された時のまま「資料」ということば
が使われているが，司書教諭講習では，「学校図書館メディア」と，「メディア」
ということばが使われ，司書講習では，「情報資源」と，図書館資料の概念は，
時代とともに進化している。

　コンピュータが登場し，ICTを活用してさまざまな情報が手軽に入手で
きる以前，学校図書館は，本や印刷された資料，レコード・カセットテープ・
CD・ビデオテープのような音や映像の記録物など，手に取れる「資料」を収集・
整理・保存し，利用者に提供していた。インターネット情報など，手で触る
ことができない情報も重要な学習材になっている現在，形ある資料も手で触
れることができない情報もすべて利用できなければ，学校図書館が「学校教

育の展開に寄与する」ことは難しい。

　「図書館情報学用語辞典第 4 版」（丸善出版）では，図書館資料を「図書館
が扱う主たる対象は，印刷・製本技術を始めとして，写真技術，視聴覚資料
作製技術などを利用して大量に複製され頒布される記録物である」，メディ
アとは「（1）情報メディアのこと（2）記録媒体のこと（3）マスコミの
こと」，情報メディアとは，「人間の情報伝達，コミュニケーションを媒介す
るもの」と記されている。

　学校図書館資料は，図書資料を中心に，図書以外の印刷資料，視聴覚資料，
電子資料，インターネット情報，地域の施設設備や人的情報源，公共図書館
との連携による学校内にない資料，児童生徒の作品や実物，模型，自校独自
の資料など，ありとあらゆる学習材が考えられる。

2　教育施策における読書

（1）学校図書館図書標準と学校図書館図書整備新 5 か年計画

　1993 年は，学校図書館をめぐる状況が，大きく変化した年である。文部
省（当時）が「公立の義務教育諸学校において，学校図書館の図書の整備を
図る際の目標として」[注1]「学校図書館図書標準」を設定した。経費につい
ては，「学校図書館図書整備新 5 か年計画」を発表し，地方交付税を措置した。

　「学校図書館図書標準」は，各都道府県教育委員会教育長あての初等中等
教育局長の通知で法的拘束力はないが，このような通知があることにより，
各自治体では学校図書館図書標準 100% を目指して図書購入費を計上する根
拠となり，予算獲得の力となった。ところが，学校図書館図書標準 100% を
切らないように，または 100% に少しでも近づけるように，予算を計上する
のではなく，本を捨てないように各学校に通達した自治体が出現した。いく
ら，本がたくさんあっても，使える本でなければ学校図書館の機能を果たす
ことはできない。平成 28 年度「学校図書館の現状に関する調査」によると，
「27 年度末図書標準達成学校数の割合」が小学校で 66.4%，中学校で 55.3% [注

²⁾ である。本調査の文末には、「全市町村における学校図書館図書標準の達成状況」が掲載されており、インターネットで閲覧できる。

「学校図書館図書整備新5か年計画」により、1993年度から総額約500億円を地方財政措置し、小・中学校の学校図書館の蔵書を1.5倍にする施策を実施した。しかし、一般財源の使い方を特定しない地方交付税であるため市区町村で予算化されない場合も多く、1998年度からは、単年度で予算措置をし、2002年度より「学校図書館図書整備5か年計画」2007年度より「新学校図書館図書整備5か年計画」2012年度より「学校図書館図書整備5か年計画」と、引き続き学校図書館の図書の充実のための施策を行い、2019年度からは、新たに「学校図書館図書整備等5か年計画」がスタートした。

1993年は、「子どもと本の出会いの会」（井上ひさし会長）「子どもと本の議員連盟」（鳩山邦夫会長・肥田美代子事務局長）が結成され、学校図書館法の改正や国立国際子ども図書館の設立に力を注いだ。「日本雑誌協会日本書籍出版協会50年史」は、「子どもの読書推進活動が大きな転機を迎えたのは、1993年（平成5）である。（中略）ここに子どもの読書環境の整備・充実を核にした政治・行政・民間連携の新たな関係が始まることになった」^{（注3）}と評している。

（2）司書教諭の発令と学校司書の配置

1997年、学校図書館法が改正され、2003年4月から12学級以上の学校には司書教諭が必置となった。

2014年6月の改正では、第6条に「学校には、前条第一項の司書教諭のほか、学校図書館の運営の改善及び向上を図り、児童又は生徒及び教員による学校図書館の利用の一層の促進に資するため、専ら学校図書館の職務に従事する職員（次項において「学校司書」という。）を置くよう努めなければならない」と学校司書配置が法制化された。しかし、「置くよう努めなければならない」という努力義務であることや資格要件も未定であること、研修に対しても「国及び地方公共団体は、学校司書の資質の向上を図るため、研修の実施その他の必要な措置を講ずるよう努めなければならない」というこ

とだけで，その内容については未定であることなど，必ずしも十分な内容とは言えなかった。そこで，文部科学省は，2016 年に学校司書養成のための「学校司書のモデルカリキュラム」を定めた。

　しかし，司書教諭のほとんどが兼務であったり，中には司書教諭として届け出た教員以外の教員が学校図書館担当になったり，新規採用者や「教育支援員」等を学校図書館担当者にしたり，十分に機能しているとは言いがたい学校も存在する。学校司書のほとんどが非常勤や派遣，業務委託である現状など，まだ多くの課題を残している。

（3）子ども読書年と国際子ども図書館の開館

　2000 年 5 月 5 日，東京上野に国際子ども図書館が開館された。その前年には，図書館の開館を記念して 2000 年を子ども読書年とする衆参両院の決議がなされた。国際子ども図書館は，その後，2002 年に全面開館され，2015 年には，アーチ棟が竣工し，2016 年に全面リニューアルオープンした。

（4）「子どもの読書活動の推進に関する法律」と「子どもの読書活動の推進に関する基本的な計画」

　2001 年 12 月，「子どもの読書活動の推進に関する法律」が制定され，第 2 条基本理念には，「読書活動は，子どもが，言葉を学び，感性を磨き，表現力を高め，創造力を豊かなものにし，人生をより深く生きる力を身に付けていく上で欠くことのできないものである」とあり，同法第 8 条，第 9 条により，国，都道府県および市町村の「子ども読書活動推進基本計画」が策定され，第 10 条により「子ども読書の日」を 4 月 23 日とした。

　文部科学省は，「子どもの読書活動の推進に関する法律」により，2002 年に「子ども読書活動推進基本計画」を定め，2008 年に第二次，2013 年に第三次，2018 年に第四次と改訂してきた。

　第四次「子ども読書活動推進基本計画」では，読書の質を重視し，学習指導要領と呼応して，各教科等での読書指導や学校図書館活用の充実を策定している。各自治体がこれを受けた計画策定を望むところである。

また，新学習指導要領では，学習の基盤となる言語能力を育成するため，各学校において学校生活全体における言語環境を整えるとともに，国語科を要として，各教科等の特質に応じた言語活動を充実すること，あわせて，言語能力を向上させる重要な活動である読書活動を充実させることが示されている。

　具体的には，各教科等において，学校図書館の機能を計画的に利活用し，「主体的・対話的で深い学び」の視点からの授業改善を図るとともに，児童生徒の主体的，意欲的な学習活動や読書活動を充実することが求められている(注4)。

（5）文化審議会答申「これからの時代に求められる国語力について」

　2004年，文部科学大臣からの諮問に対する文化審議会の答申「これからの時代に求められる国語力について」では，「Ⅱこれからの時代に求められる国語力を身に付けるための方策について」で「国語力の向上に「国語教育」と「読書活動」が最も有効な手段」(注5)ととらえ，「読書習慣を身に付けることは，国語力を向上させるばかりでなく，一生の財産として生きる力ともなり，楽しみの基ともなるものである」(注6)とし，「ここでいう読書とは，文学作品を読むことに限らず，自然科学・社会科学関係の本や新聞・雑誌を読んだり，何かを調べるために関係する本を読んだりすることなども含めたものである」(注7)としている。本答申は，各教科等での読書活動など学習指導要領で具現化され，今日に引き継がれている。

　　「これからの時代に求められる国語力について」より「読書の重要性」
　　　読書は，国語力を構成している「考える力」「感じる力」「想像する力」「表す力」「国語の知識等」のいずれにもかかわり，これらの力を育てる上で中核となるものである。特に，すべての活動の基盤ともなる「教養・価値観・感性等」を生涯を通じて身に付けていくために極めて重要なものである。
　　　昨今「読書離れ」が叫ばれて久しいが，これからの時代を考えるとき，

読書の重要性が増すことはあっても減ることはない。情報化社会の進展は，自分でものを考えずに断片的な情報を受け取るだけの受け身の姿勢を人々にもたらしやすい。自分でものを考える必要があるからこそ，読書が一層必要になるのであり，「自ら本に手を伸ばす子供を育てる」ことが切実に求められているのである。

学校教育における「読書」の位置付け
〈すべての教科で「読書活動」に取り組む〉
　現在，読書活動については，一般に「国語科」の中で行われるものと認識されている。しかし，「読書離れ」が盛んに言われる現在の状況と，読書の重要性を考えた場合，読書活動は，一教科の中だけで取り組むものではなく，すべての教科にわたって全校を挙げて取り組むものとして明確に位置付けられるべきである。その意味では，学習指導要領などとの関係についても再検討することが必要なのではないかと考えられる。
　さらに，小学校，中学校，高等学校の発達段階，学校段階に応じて，読書する力の内実と目指すところを明らかにしていくことを考えていく必要もあろう。その際に，国語科で取り組む読書活動と，他教科で取り組む読書活動との関係についても十分考慮されることが望まれる(注8)。

（6）「文字・活字文化振興法」と「読解力向上プログラム」

　2005年，「文字・活字文化振興法」が制定され，「学校教育においては，すべての国民が文字・活字文化の恵沢を享受することができるようにするため，その教育の課程の全体を通じて，読む力及び書く力並びにこれらの力を基礎とする言語に関する能力（以下「言語力」という。）の涵養に十分配慮されなければならない」（基本理念　第3条3）とし，読書週間の初日である10月27日を文字・活字文化の日とした。
　同じ時期に文部科学省は，「読解力向上プログラム」をとりまとめた。
　2003年にOECD（経済協力開発機構）が実施したPISA調査（生徒の学習到達度調査）の結果，「読解力」の得点については，OECD平均程度まで

低下している状況への対応であった。従来の「読解力」から PISA 型「読解力」への転換である。その特徴を4点挙げている。

①テキストに書かれた「情報の取り出し」だけはなく,「理解・評価」（解釈・熟考）も含んでいること。

②テキストを単に「読む」だけではなく，テキストを利用したり，テキストに基づいて自分の意見を論じたりするなどの「活用」も含んでいること。

③テキストの「内容」だけではなく，構造・形式や表現法も，評価すべき対象となること。

④テキストには，文学的文章や説明的文章などの「連続型テキスト」だけでなく，図，グラフ，表などの「非連続型テキスト」を含んでいること[注9]。

（7）「学校図書館ガイドライン」まで

2009年，文部科学省の「子どもの読書サポーターズ会議」から「これからの学校図書館の活用の在り方等について」[注10]が報告され,「読書センター」「学習情報センター」としての学校図書館活用の推進と「居場所としての学校図書館」の取り組みを示した。

2010年は，国民読書年となり，マスコミでも読書を取り上げることが多くなった。

2014年3月，文部科学省の学校図書館担当職員の役割およびその資質の向上に関する調査研究協力者会議から「これからの学校図書館担当職員に求められる役割・職務及びその資質能力の向上方策等について」[注11]が報告され,「読書センター」「学習センター」「情報センター」の学校図書館の3つの機能が示された。同年6月には，「学校図書館法」が改正され，学校司書が法制化された。

2016年,文部科学省より「学校図書館の整備充実について」[注12]が通知され,学校図書館の整備充実に関する調査研究協力者会議による「これからの学校

図書館の整備充実について」が報告されるとともに，「学校図書館ガイドライン」と「学校司書のモデルカリキュラム」が示された。「学校図書館ガイドライン」では，「校長は，学校図書館の館長としての役割も担っており」と，学校図書館長としての校長が位置づけられた。「学校司書のモデルカリキュラム」を参考に，学校司書養成のカリキュラムを新設する大学もでてきた。全国学校図書館協議会では，2019年に「学校司書のモデルカリキュラム講義指針」と「学校図書館司教諭講習講義指針」をまとめ，発表した[注13]。

3　学校教育における読書

（1）学校教育における読書

　本章では，学校図書館は，教育設備であること，2つの目的と3つの機能があること，学校教育において読書教育・読書指導が重要であること，読書教育・読書指導には，学校図書館活用が不可欠であることを述べてきた。

　文化審議会答申は，「ここでいう読書とは，文学作品を読むことに限らず，自然科学・社会科学関係の本や新聞・雑誌を読んだり，何かを調べるために関係する本を読んだりすることなども含めたものである」としているが，これは，「自然科学・社会科学関係の本や新聞・雑誌を読んだり，何かを調べるために関係する本を読んだりする」だけで良いと述べているのではない。

　従来，読書というと文学作品を読むことだけに思われがちであったが，「自然科学・社会科学関係の本や新聞・雑誌を読んだり，何かを調べるために関係する本を読んだりすることなども含めたものである」と述べているのである。「第Ⅰ章1読書の意義」も参照されたい。

　学校教育法の第2章義務教育第21条に義務教育の目標が10項目あげられ，その中に「五　読書に親しませ，生活に必要な国語を正しく理解し，使用する基礎的な能力を養うこと」とあり，今日の学校教育では益々，文学作品や長編を読む力も育成することが重要になっている。

　スマートフォンなどで短文や単語，記号でコミュニケーションをとるよう

になり，長文を読んだり書いたりすることが苦手な若者が増えているという。脇明子は，「情報整理の苦労を乗り越えて，楽しみながら読み進められる段階に進むまでの長さのあるものを読まないと，じゅうぶんな効果は期待できない」[注14]「ある程度の長さのある物語を，端から丹念にたどってまるごと読むという体験も，子どもが「生きる力」を身につけていくには，必要不可欠」[注15] であると，長文を読む力の育成を重視している。

　これらをふまえると，学校における読書は，著者の構成に沿って最初のページから最終ページまで順を追って読み進めていく「読み物を中心とした読書」と，知識を得るために必要なところを部分的に読む「調べるための読書」とを意識し，双方を指導していく必要があると考えられる（図表3－1）。

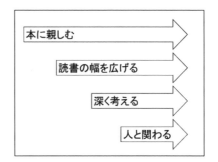

図表3－1　読書とは　　　　　図表3－2　読書の深まり

（2）読書の深まりと指導

　図表3－1の左部分，読み物を中心とした1冊の本を最初から終わりまで読み通す力をつけるためには，段階を追った指導が必要だと考える（図表3－2）。

　第1段階は，印刷された文章を読むことに慣れ，読書をすることの楽しさや喜びを知り，読書に親しむことである。朝読書など学校生活の中で一定時間読書をする時間を設定することは，読書習慣の形成で成果をあげている。

　幼児は，生活の中で，文字を文字として認識していく。お話の語り聞かせ

や読み聞かせなどにより，ことばで表現されたことをイメージ化する力もつけていく。

　次に，文章に触れる中で，始めは1文字1文字を拾い読みしていたのが，2文字，3文字と一度に認識できるようになり，読むことに慣れるにつれて一度に認識できる文字数が増えていく。単なる記号でしかない文字を組み合わせて意味をもたせ，文として理解し，書かれていることがイメージ化できるようになっていく。文字とことばを結びつけ，ことばや文，文章から想像し，さらに，具体物を表すことばだけでなく，抽象的な概念を表すことばをも理解し，抽象的な思考もできるようになる。そのような力をつけるためには，それなりの「訓練」が必要である。文章を読むことが容易になり，読書が楽しくなるような指導は，読書指導の第1歩として重要である。

　楽しむための読書，娯楽としての読書は，一生続く。しかし，児童生徒は，指導しなければ，容易に読める本ばかり選んだり，高学年になっても低学年向けの本しか読めなかったり，同じシリーズから抜け出せなかったりしがちである。

　第四次「子ども読書活動推進基本計画」では，読書の質を重視している。

　脇明子は，「本というのは，「伝えたい」という人間の思いを，痛いほどありありと感じさせてくれるものでもあります。もちろん，すべての本がそうだというのではなく，単なる娯楽として書かれた本，商品として作られた本には，それが感じられないことも多く，そこが本物の本との大きな違いのひとつかもしれません」(注16)と述べている。

　文章が読め，読書に親しむ次の段階は，読書の幅を広げ，読書の質を高める段階である。そのためには，周りのおとなの働きかけが必要である。教員，学校司書，親による本の紹介，様々な読書活動等，本との出会いの場を作りたい。もちろん，楽しむための読書，娯楽としての読書は，ずっと続く。おすすめの本の展示や紹介，読み聞かせ，ブックトーク等により，成長の糧となるような本とも出会わせたい。児童生徒は，読書により考えることも多い。友だちのこと，自分のこと，家族のこと，社会のこと，自然のことなど，読書により先人と対話し，自分と対話し，周りの人たちと対話するであろう。

そして，1年に1〜2回は，1冊の本と対峙し，じっくり読み返し，本の内容やその本に関連したテーマについて考えさせたい。それを文章で表現したのが読書感想文であり，絵画で表現したのが読書感想画である。

さらに，学校図書館は，コミュニケーション能力育成の場でもある。読書で人と関わる活動を計画したい。

読書は，個人の自由な活動であり，指導や読む本の推薦などとはそぐわないと考える人もいるだろう。しかし，学校教育で本との出会いの場を作り，発達段階に応じた読書活動を計画することにより，個人の自由な読書生活がより豊かになるものと考える。読書教育の推進により，児童生徒の読みたい本の幅も広がり，読む本の質も読む力も向上する。

（小川三和子）

〈注〉

（注1）各都道府県教育委員会教育長あて文部省初等中等教育局長通知「「学校図書館図書標準」の設定について」文初小第 209 号（http://www.mext.go.jp/b_menu/hakusho/nc/t19930329001/t19930329001.html ［2019 年 4 月 3 日現在参照可］）

（注2）文部科学省「児童生徒課平成 28 年度「学校図書館の現状に関する調査」結果について」（概要）」概要 p. 2（http://www.mext.go.jp/a_menu/shotou/dokusho/link/__icsFiles/afieldfile/2016/10/13/1378073_01.pdf ［2019 年 4 月 3 日現在参照可］）

（注3）日本雑誌協会「日本書籍出版協会 50 年史《Web 版》」p.197（http://www.jbpa.or.jp/nenshi/top.html　http://www.jbpa.or.jp/nenshi/pdf/p197-199.pdf ［2019 年 4 月 3 日現在参照可］）

（注4）「第四次子供の読書活動の推進に関する基本的な計画（本文）」2018 年 4 月　p.22（http://www.mext.go.jp/b_menu/houdou/30/04/__icsFiles/afieldfile/2018/04/20/1403863_002_1.pdf ［2019 年 4 月 3 日現在参照可］）

（注5）文化審議会答申「これからの時代に求められる国語力について　Ⅱこれからの時代に求められる国語力を身に付けるための方策について」（http://www.mext.go.jp/b_menu/shingi/bunka/toushin/04020301/006.htm ［2019 年 4 月 3 日

　　現在参照可〕）

（注6）同上「第2　国語力を身に付けるための読書活動の在り方　読書活動についての基本的な認識（1）読書の重要性」（http://www.mext.go.jp/b_menu/shingi/bunka/toushin/04020301/008.htm〔2019年4月3日現在参照可〕）

（注7）同上

（注8）同上

（注9）文部科学省「読解力向上プログラム」（http://www.mext.go.jp/a_menu/shotou/gakuryoku/siryo/05122201/014/005.htm〔2019年3月29日現在参照可〕）

（注10）子どもの読書サポーターズ会議「これからの学校図書館の活用の在り方等について（報告）」（http://www.mext.go.jp/a_menu/shotou/dokusho/meeting/__icsFiles/afieldfile/2009/05/08/1236373_1.pdf〔2019年4月3日現在参照可〕）

（注11）学校図書館担当職員の役割及びその資質の向上に関する調査研究協力者会議「これからの学校図書館担当職員に求められる役割・職務及びその資質能力の向上方策等について（報告）」（http://www.mext.go.jp/b_menu/shingi/chousa/shotou/099/houkoku/1346118.htm〔2019年3月29日現在参照可〕）

（注12）文部科学省「学校図書館の整備充実について（通知）」（http://www.mext.go.jp/a_menu/shotou/dokusho/link/1380597.htm〔2019年4月3日現在参照可〕）

（注13）全国学校図書館協議会「学校司書のモデルカリキュラム講義指針」「学校図書館司教諭講習講義指針」全国学校図書館協議会　図書館に役立つ資料（http://www.j-sla.or.jp/material/index.html〔2019年4月3日現在参照可〕）

（注14）脇明子『読む力が未来をひらく―小学生への読書支援』岩波書店　2014年　p.8

（注15）同上

（注16）脇明子『読む力は生きる力』岩波書店　2005年　p.13-14

第Ⅳ章　　**子どもの読書環境**

1　子どもの読書の実態

（1）「学校読書調査」「学校図書館調査」から

　今，子どもたちはどんな本を読んでいるのだろうか。また，「子どもが本を読まなくなった」とか「読書離れ」ということばを聞くことがあるが子どもが本を読まなくなったというのは本当なのだろうか。実のところ，子どもの読書はどのような状態なのであろうか。

　全国学校図書館協議会では子どもたちの読書活動を推進し活性化するため，1955 年より毎日新聞社とともに「学校読書調査」を行い，子どもたちの読書の実態をとらえるようにしてきた。併せて全国学校図書館協議会では1963 年より「学校図書館調査」も継続実施している。また，これ以外にも個人または団体が単発もしくは継続的に調査を行っている。とくに文部科学省では「学校図書館の現状に関する調査」を行い，調査結果を施策に反映させるとともに広く情報を提供している。こうした調査は子どもの読書の実態を的確にとらえていくうえで大変有効である。

　さて，こうした調査の結果から，近年の子どもたちの読書に関する姿が明らかになってくる。ここでは前出の「学校読書調査」「学校図書館調査」から特徴的な事項を示す。

（2）子どもたちは本を読んでいるか

　「学校読書調査」においては，５月１か月間の読書冊数を尋ねている。その結果，小学生では，一人あたりの平均読書冊数が約 10 冊であるとともに，不読率（１か月間に１冊も本を読まなかった子どもの割合）も低いことがわ

かった。その要因として考えられるのは次の事項である。

①「朝の読書」「読書タイム」など，全校一斉に読書に取り組む時間が設けられ，その実施校数も増えている。

②「国語」の教科書に，学校図書館の利活用の方法を学ぶ単元が設定された。また，「国語」の教科書に，さまざまな本が発展教材として具体的な書名をあげて紹介されるようになった。

③読書推進を学校経営の方針に位置づけるなど，学校として読書に取り組む学校が増えたことが，子どもの読書の増加につながった。

④読書の意義や学校図書館の役割が理解され，教員が本の紹介をするなどの活動に取り組み，それが子どもの読書意欲向上につながった。

⑤学校司書が配置されたことで学校図書館の整備が進み，レファレンスや読み聞かせなどの活動が子どもの読書意欲を高めることにつながった。

⑥地域や保護者のボランティアが本の紹介や読み聞かせなどの活動を行い，それが子どもの読書意欲を高めることにつながった。

⑦テレビや映画とコラボレーションした出版が話題作りにつながり，それが子どもの読書に影響した。

⑧「学習指導要領」で情報活用能力の育成を求められたことで，本を活用した学習が各教科で試みられるようになった。

（3）学年が上がると読書冊数や不読率はどうなるのか

　小学生の月平均読書冊数が約10冊であるのに対し，中高生では学年が上がるほど読書冊数は減少し高校生では1冊か2冊という状態である。

　中高生で読書冊数が減少するのは，部活動や校外活動への参加が大きな要因ではないかと考えられる。また，授業時数の確保のため読書の時間が削られていることや，中高生向きの適切な読み物が少ないことも背景にあると推察する。

　一方，不読率については男女の差が広がる傾向にあり，とくに男子の不読率が高い。ただ，不読率が高まっているのに平均読書冊数があまり変化しないというのは，読む子と読まない子の読書冊数の差が広がっているというこ

とである。不読率増の理由として上述のほかに，ゲームや動画配信サイトの視聴，SNS など，スマートフォンの利用増が考えられる。

2018 年度の調査で高校 3 年生の不読率が男女ともに 60％を超えた。受験勉強などの影響もあろうが心配な数字である。

（4）子どもたちはどんな本を読んでいるか

「学校読書調査」では，毎回読んだ本の「書名」を尋ねている。昔から読み継がれている本もあれば，その時代にフィットした本，話題になった本がリストの上位に並ぶ年もある。子どもたちに読まれた本を概観してみよう。

①世代を超えて読み継がれてきた本

刊行から 50 年経っても子どもたちに支持され続けてきた本がある。親から子へ，場合によっては 3 世代 4 世代と世代を超えて読み継がれてきた本である。こう書くと，「ああ，ぐりとぐらね」「きっと『いないいないばあ』だよ」「私は，ノンタンだと思う」「あまんきみこや新見南吉の作品でしょ」という声が聞こえてくるようである。他にもあるが，ほとんどが小学校低学年までを対象と想定した絵本である。

これより上の学年向けの作品としては，宮沢賢治『注文の多い料理店』『銀河鉄道の夜』，椋鳩十『片耳の大鹿』，太宰治『走れメロス』などの作品が思い浮かぶ。いずれも教科書に取り上げられた作家の作品であるが，実はこうした作品の題名が調査で書かれることは少ない。

「国語」では，作品の主題や作者の意図，表現の巧みさなどに目を向ける指導から，作品から受ける印象を重視する指導へと改変を行った。こうした指導が子どもたちから読む楽しさを奪っている可能性もある。最近の児童生徒は長文を正確に読み取り，イメージを広げ，自分なりの感想をもつことが苦手になったと感じることがある。そうした状況の中で，森鷗外『高瀬舟』，ミヒャエル・エンデ（Michael Ende）『モモ』や吉野源三郎『君たちはどう生きるか』などの作品が時折調査用紙に書かれるのは嬉しいことである。

②シリーズ化された本

「怪盗ルパン」や「シャーロック・ホームズ」，「少年探偵団」といえば，

懐かしさを感じる方も多いであろう。シリーズ化された本は，ワクワクドキドキしながら読んで，読み終えると〈次はどうなるだろう〉と期待に胸膨らませたものである。こうした本は読者にとってイメージを広げやすく，安心して本の世界に入っていけるという利点があり，出版の側からのメリットも大きい。

　「赤毛のアン」「オズの魔法使い」「ナルニア国物語」など，それぞれの時代にそれぞれのグレードで人気シリーズがあった。「ズッコケ三人組」や「かいけつゾロリ」などは，長期にわたって刊行され複数の作品がリスト入りすることもあった。近年では「ハリー・ポッター」のシリーズが人気を呼び，記憶に残る。また「魔女の宅急便」や「守り人」シリーズなど，読者が育てるという形で，厚みのある作品群に成長したものもある。

　ネットから生まれ「ケータイ小説」と呼ばれた作品もあった。もともとはプロ作家の作品ではなかったが，読者の共感を呼び出版され支持された。映画化されたりシリーズ化されたりしたものも少なくない。また，ライトノベルは中高生に人気がある。手軽に入手でき気軽に読めるため子どもたちに支持されているが，浮き沈みも大きい。

③偉大な人の人生に学ぶ〜伝記

　小学校高学年を中心に伝記が多く読まれている。面白いことに男子は「織田信長」「豊臣秀吉」「徳川家康」など日本の戦国武将が多く，女子は「ナイチンゲール」「キュリー夫人」「ヘレン・ケラー」など，海外の女性の伝記を選ぶことが多い。学習に直結するという理由だけでなく，人物像を描きやすいこと，業績を把握しやすいこと，生き方に共感できることなどが長く人気を保っている理由と考えられる。半面，「源義経」「坂本龍馬」「西郷隆盛」や「アンデルセン」「ニュートン」などは，読まれる時もあるが長続きしない傾向がある。

　近年の傾向としては，紙幣の肖像に描かれた人や近代日本の建設に力を尽くした人，目立たないところで人々の幸福を願って活動した人などを描いた伝記を選ぶ子どもも見られるようになってきた。価値観が多様化してきていることの反映ではないかと考えられる。

また，伝記ではないが，スポーツ選手やアーティスト，ノーベル賞受賞者の半生を描いたノンフィクションなども，読まれた本のリストに入ってくることがある。

④気軽に読むことのできる本

　中学生の読書で目立つのが，小学生向けの本，軽読書向けの掌編小説集やいわゆるライトノベルの多さである。それらが一概に悪いというわけではないが，学校での読書指導の充実により適切な選書ができるようになってほしいものである。ただし女子は男子に比べ低年齢向けの本は少なく，読まれている本がバラエティに富んでいる。精神的な成長から徐々に自己が確立してきて，好みが多様化していることの表れだと考えられる。

　高校生男子については，アニメのノベライズやいわゆるライトノベルが目立つ。その傾向は年々強まっている。アニメのノベライズやライトノベルばかりだと読書力，思考力につながる言語力が身につかないだろう。もう少し読み応えのある文芸作品やノンフィクション，自然科学や社会科学の読み物も読んでもらいたいものである。

⑤メディアで話題になった本

　芸能人が文学賞を受賞したり読み聞かせや朗読したりする活動を通して，読書は知的な活動というイメージが一般に広まった。テレビやラジオ，インターネットを通じて本の紹介をする芸能人も増えた。そこで紹介された本が話題となり，子どもたちが手に取るようになったという事実もある。確かにたくさんの出版物の中から自分の求める本を選ぶのは，簡単なことではない。主に中学生から高校生を対象に，この傾向は今後も広がる可能性が高い。

　一方，過去に出版された本やアニメを原作として映画化やテレビドラマ化し，それが読書への誘いになるということがある。複数のメディアを相互活用し，時には出版と映像化が同時並行ということもある。「読んでから見るか，見てから読むか」（角川映画1976年）というフレーズを思い出す方もいるかもしれない。文章をイメージ化するためには，豊富な語彙と生活体験が求められる。そうした意味からも，本を手に取ってもらうために映像を活用するのは，今後さらに求められる仕掛けなのかもしれない。

　さらに，こうした活動の延長として，話題になった番組の内容を一冊の本にまとめたり，話題になった人物の言葉や生活ぶりを一冊の本にまとめて刊行したりすることもある。こうした本にはおとなも手を伸ばす。

⑥読み物以外の本

　教科の学習において，「調べるための道具」としてのスマートフォンやタブレット端末の活用が期待されている。しかし，その一方で管理や安全性の面から学校への持ち込みが制限されているというのが現状である。そんな子どもたちの心の隙間を埋めてくれるのが本である。ただしその場合，子どもたちは重厚な文学作品を手に取ることはほとんどない。気軽に気分転換するために子どもたちが囲むのは，絵探しやクイズなどのゲーム絵本，だじゃれ満載のお楽しみ絵本，学習とは直結しない雑学絵本，漫画，図鑑，写真集などである。『ウォーリーをさがせ！』に人気が集まると，絵探し絵本が次々と刊行された。『ざんねんないきもの事典』が刊行され評判になると，続編や類書が次々と刊行され，売り場一帯が似たような本で埋まった。

　図鑑や写真集の中には，長年の取材で苦労を重ねてやっと出版にこぎつけ，読者の心を打つものもある。しかし，子どもたちにとって文学以外の本の多くは，クイズに答えたりゲームをしたりするための「楽しく遊ぶ本」であることが多い。

（5）雑誌はどのように読まれているか

　本と同様に，雑誌についても1か月間に読んだ冊数と雑誌名の調査を継続している。雑誌を読んだ冊数は年々減少し，ほとんど読まれていないという状況に近づきつつある。学年別の学習雑誌は，多くが休刊・廃刊となり，小学生向けの漫画雑誌の出荷もピーク時の半数以下となった。雑誌が読まれなくなっている原因としては，スマートフォンなどの情報機器が普及し，新しい情報も自分の知りたいことも，テレビやWebから瞬時に入ってくるようになったということが考えられる。情報の量が増えている現代では，常に手元に置けて，より早く自分の知りたい情報源につながるスマートフォンの影響は大きい。スマートフォンの多様で便利な機能を考えた時，雑誌ならでは

の特性を生かしていかない限り雑誌の読書冊数はさらに減少していくと予想される。

　読まれている雑誌については，「月刊コロコロコミック」が小学生男子に絶対的人気である。小学生女子では「ちゃお」が不動の１位を続けている。中学生以上の男子については「週刊少年ジャンプ」の人気が高い。同誌は読者アンケートを重視し新しい路線にも力を入れているという。また，中学生女子については「nicola」「Popteen」「Seventeen」が上位を占めている。これらの雑誌は，漫画から離れて情報誌に移行しつつある。高校生女子に人気の雑誌については，ファッションや芸能人の情報などが盛り込まれる傾向がみられる。どの雑誌も生き残りに知恵を絞っている。

（6）本を読むことが好きか

　近年，ゲームやインターネットなどの普及により，子どもたちの遊び方は大きく変化している。また，通塾や部活動などによって，生活は多忙を極めている。しかし，小学生で80％強の児童が，中高生についても70％強の生徒が「読書は好き・どちらかといえば好き」と答えている。学校図書館が常時開館され，司書教諭や学校司書の配置が進みつつある状況の中で，適切なアドバイスや的確なレファレンスを受けることにより，児童生徒は自分の興味関心や必要に応じた本，各自の読書力に即した本に出合うことができるのではないかと考える。

　また，読書冊数の多い子どもに幼少時の読書環境について尋ねたところ，就学前に家の人からよく本を読んでもらっていた子どもほど，現在の読書冊数が多い傾向にあることがわかった。さらに，家の人から本を紹介されたことがあるかどうかを尋ねたところ，家の人からの本の紹介があった児童生徒ほど，現在の読書冊数が多い傾向にあることもわかった。子どもに本を紹介する家庭は日ごろから家族が本に親しんでおり，本に関する会話を交わす機会も多いと思われる。そうした環境が読書習慣の形成につながったと考えられる。さらに小学校低学年のときの先生からの読み聞かせの有無について尋ねたところ，6〜7割が「先生に読んでもらった」との回答を得た。また，

小学校に入る前，家の人に本を読んでもらったことがあるかどうかを頻度に応じて答えてもらったところ，各校種ともに男子の約7割，女子の約8割が「よく読んでもらった」「ときどき読んでもらった」と答えた。幼少期の読み聞かせ体験は読書好きな子どもを育てるといえよう。

　他の設問では「気に入って何度もくり返し読んだ本がある」児童生徒は80％を超えた。「気に入った本と出合うこと」は「読書好き」とつながると考えられる。また，「生き方考え方に影響を与えた本」との出合いは50％程度が経験していた。本は児童生徒の心に寄り添い，励ましたり勇気づけたり，生き方を示す。児童生徒は身近に本を置くことのよさに気づき，話の特徴に合った読み方を知り，本を信頼して付き合い方を身につけるのではなかろうか。

（数値は 2018 年度調査）

2　学校図書館・公共図書館の現状

（1）学校図書館と公共図書館

　子どもたちが本と触れ合う場は，自宅，書店，学校図書館，公共図書館，児童館や学童館の図書コーナーなどが考えられる。この中で学校図書館と公共図書館（とくに児童書担当部門）とは，利用対象が重なっており，強く連携していかなければならない関係である。ただし，学校図書館は1953年施行の「学校図書館法」に基づく学校の設備であり，公共図書館は1950年施行の「図書館法」に基づく施設である。それぞれの目的や役割が異なることを忘れてはならない。

　学校図書館は児童生徒の「健全な発達を図り，もつて学校教育を充実することを目的」（「学校図書館法」第1条）とし，「図書，視覚聴覚教育の資料その他学校教育に必要な資料を収集し，整理し，及び保存し，これを児童又は生徒及び教員の利用に供することによつて，学校の教育課程の展開に寄与するとともに，児童又は生徒の健全な教養を育成することを目的として設けられる学校の設備」（同第2条）である。また公共図書館は「健全な発達を

図り，もつて国民の教育と文化の発展に寄与することを目的」（「図書館法」第1条）とし，「図書，記録その他必要な資料を収集し，整理し，保存して，一般公衆の利用に供し，その教養，調査研究，レクリエーション等に資することを目的とする施設」（同第2条）である。

公共図書館には，公立と私立があり，公立図書館は地方自治体が運営する。私立図書館は民法第34条の法人等が設置している。なお「図書館法」第29条には「図書館と同種の施設は，何人もこれを設置することができる」とあり，公共図書館以外にさまざまな施設が設置，活用されている。

（2）学校図書館の職員

司書教諭の発令状況の割合は，小中学校で約60％，高等学校で75％であり，いずれの校種でも低下している。その理由として，学校が小規模化し12学級未満の学校が増えているということが考えられる。また，配置された司書教諭について，活動時間の確保が十分になされていない状況がある。

一方，学校司書の配置が進み，2017年に小中学校での配置率が約80％となり10年前の約2倍となった。また，高等学校では80％を超えた。ただし，フルタイムでの勤務は少数で，週1日勤務や短時間勤務，複数校兼務の学校が多い。また，臨時職員や企業からの派遣も多く，課題が残る。さらに，学校司書の配置により，授業を持たない学校司書が司書教諭の行うべき業務を代行しているのではないかという懸念もある。

（3）学校図書館の蔵書

2018年度の「学校図書館調査」によれば，1校あたりの平均蔵書冊数は，小学校で9,856冊，中学校で12,585冊，高等学校で25,787冊であり，ここ数年間，同程度の数値が並ぶ。また，児童生徒一人あたりの平均蔵書数は，小学校で26.7冊，中学校で30.8冊，高等学校で35.4冊であり，こちらも横ばいである。「学習指導要領」の改訂を踏まえ，「読書センター」「学習センター」「情報センター」の3つの機能を意識し，地方財政措置である「学校図書館図書整備等5か年計画」を活用しつつ，学校図書館の蔵書をさらに充実させ

ていく必要がある。

　1校あたりの平均図書購入冊数は，小学校が約320冊，中学校が約460冊，高等学校が520冊である。図書購入費の削減と書籍の購入単価の上昇の影響もあり，財政措置はあるものの購入冊数はほとんど増えていない。また，1校あたりの平均図書廃棄冊数は，小学校で約290冊，中学校で約420冊，高等学校で約520冊である。この数値から見ると，各学校の蔵書数は小中学校でやや増加，高等学校では増減なしということになる。学習に必要な図鑑や事典などは高価なものが多いが，出版環境の厳しさからも大幅なコストダウンは見込めない。利用者のニーズを丹念に調査しつつ，限られた予算の有効活用が課題である。

（4）「学校図書館活用」と「読書指導」の年間指導計画

　年間指導計画に学校図書館の活用が位置づけられている小学校は87.5％ある。学校図書館の活用を学んだ児童生徒はおとなになっても情報活用を得意とし，公共図書館はもちろんのこと，さまざまな情報源を活用することができるようになる。そのためにもすべての学校で学校図書館の活用計画を年間計画に位置づけてほしいものである。

　また，「読書指導年間計画」を作成しているのは，小学校で約6割，中学校で約4割，高等学校では約3割である。読書は趣味のもので個人に任されているという考えがまだ多いことが考えられる。読書は環境や指導で児童生徒を導くことができる。教育としての読書教育が必要だという考えがない実情が見えてくる。新聞を定期購読していない家庭が増え，読書に関しても家庭ごとの格差が広がっている。教育として読書の質をあげ，よい本を成長期に読む指導をするためにも年間指導計画の作成が望まれる。

（5）新聞・雑誌の購読数

　2018年度の「学校図書館調査」によれば，小学校では1校あたりの平均で，新聞1.5紙，雑誌2.0タイトル，中学校では1.8紙，5.4タイトル，高等学校で3.5紙，5.4タイトルの購入があった。購入している新聞については，児童生徒

にどのように提供しどのように保存したらよいかを試行錯誤している状況である。また，購読している雑誌は，小学校では自然科学系が多いが，中学校や高等学校では環境や社会情勢，スポーツなど多様な雑誌を購入し，学校図書館で活用に供している。こうした選択は，学校図書館の3つの機能を強く意識していると考えられる。なお，雑誌の保存期間は小学校で3年以上，中学校・高等学校では1年というのが一般的であった。

（6）図書以外の資料の活用

「学校図書館活用」ということばに図書以外の資料を思い浮かべることができない教員は少なくない。図書以外の資料も多種多様である。新聞も雑誌も，表もグラフも，絵画も音声も，映像も実物も，学習作品もパンフレットなども情報源であり適切な資料となりうる。特定の教科の決められた単元のときだけ資料に触れるのではなく，日常的に親しみながら各教科の学習内容と関連させ，資料観を養い，学びを進めていきたいものである。

（7）「障害者差別解消法」に関する取り組み

2016年4月に「障害を理由とする差別の解消の推進に関する法律」が施行されたことを受け，各学校はどのように対応しているのだろうか。

多くの学校では「何かしなければ」と回答しているが，中には「特別な配慮を要する子どもがいないので何もしていない」との回答もあり，驚かされた。調査では「何もしていない」が約4割で，合理的配慮の取り組み状況は極めて低調といえる。とくに「スロープの設置」など改修工事をともなう対応はほとんど行われていなかった。調査の際に選択肢として示した「スロープの設置」「拡大読書器の設置」「書見台の設置」「大活字図書・点字図書の購入」「館内サインの改善」「対面朗読の実施」「リーディングトラッカー（読書補助具）の用意」「研修会の開催」を参考に，利用者の実情と効果を見きわめ，優先順位を考えて計画的に実施していくことが必要である。

なお，特別支援学校での読書活動例は，第XI章，特別の支援を要する児童生徒の読書指導については，第XⅢ章で取り上げている。

3　子どもの読書活動の推進

（1）文部科学省の施策

2018 年に文部科学省が示した「子供の読書活動の推進に関する基本的な計画（第四次基本計画）」第一章の「Ⅱ子供の読書活動を取り巻く情勢の変化」は子どもの読書活動を概観するにも適している。

① 2014 年に「学校図書館法の一部を改正する法律」が成立し，学校司書の法制化と学校司書への研修等の実施，学校司書としての資格と養成の在り方等についての検討について規定されたこと

②これをふまえて文部科学省が設置した「学校図書館の整備充実に関する調査研究協力者会議」において検討が行われ，2016 年 10 月に「これからの学校図書館の整備充実について（報告）」を取りまとめたこと

③続いて文部科学省が教育委員会や学校などで学校図書館の運営に参考となる「学校図書館ガイドライン」や学校司書としての専門的知識技能の習得を想定した「学校司書のモデルカリキュラム」を作成したこと
と続く。

一方，2016 年 12 月の「幼稚園，小学校，中学校，高等学校及び特別支援学校の学習指導要領等の改善及び必要な方策等について（答申）」では，すべての教科等における資質能力の育成や学習の基盤となる言語能力の向上と，そのための重要な活動の一つとして読書活動の充実が求められた。これを踏まえ，2017 年 3 月「幼稚園教育要領」「小学校学習指導要領」「中学校学習指導要領」が，2018 年「高等学校学習指導要領」が改訂され公示された。

「幼稚園教育要領」では幼児が絵本や物語などに親しみ，想像したり表現したりすることを楽しむことができるよう求めている。また，「学習指導要領」では，「主体的・対話的で深い学び」をキーワードに，考えさせる授業への転換を求めた。また，言語能力の育成を図るため各学校において必要な言語環境を整えるとともに，国語科を要としつつ各教科等の特質に応じて言語活動を充実したり学校図書館を計画的に利用したりして，児童生徒の自主的，

自発的な読書活動を充実することが規定されている。

　この時期は，読書推進や学校図書館の活性化についても次から次へと目まぐるしい提案が続いたといえよう。

（2）家庭や地域社会における読書への誘い

　幼い子どもをあやしたり指遊びをしたり子守歌や寝物語で寝かしつけたりすることは，子どもにとって大きな喜びでありおとなにとっても癒しの効果がある。そして次の段階は「語り聞かせ」「読み聞かせ」である。とくに小学校へ入学する前の幼児期は，家族や地域の人々との信頼関係を築いていくことが大切で，鼓動や体温を感じつつの語り聞かせや読み聞かせには大きな効果がある。ことばに対する信頼感や集中力を育て，語彙を増やし，イメージを描く力を育てる。この時期に，家庭や地域で語り聞かせや絵本の読み聞かせなどを積極的に行うことが望まれる。

　幼稚園や保育所においては，「幼稚園教育要領」及び「保育所保育指針」に示されているように，幼児が読書の楽しさを知ることができるよう，絵本や物語などに親しむ機会を積極的に設けることが大切である。また，幼稚園や保育所で行っている未就園児を対象とした子育て支援活動の中でも，読み聞かせなどを推進するとともに，保護者等に対して読み聞かせなどの大切さや意義を広く普及していく必要がある。

　また，子どもが絵本などに親しむ機会を確保するため，安心して図書に触れることができるようなスペースの確保，図書の整備，発達段階に応じた図書の選定を行う必要がある。

（3）小学校，中学校，高等学校などにおける読書指導

　読書好きな子どもを育てる両輪は「読書習慣が定着・発展するような働きかけ」と「学校図書館の整備・充実」である。

　「読書習慣が定着・発展するような働きかけ」については，働きかけの場面や方法がたくさんあるが，大切なのは，働きかける側が読書の喜びや楽しみを知っていることと愛情をもって子どもと接することである。子どもが本

との触れ合いを楽しみ，自ら本を手に取るようになったら，あとは本人の読書意欲を尊重してほしい。そして，おとな自身も本を読んでほしい。そこからまた子どもにすすめたい本が発見できるかもしれない。

　もう一つは子どもたちの読書の喜びを増幅させてあげることである。読書で得た知識，読書をした時の感動，読み終えたあとの成就感などをしっかり受け止め，誉め，共感してあげたい。それも子ども扱いせず，一人の読書人として対等に扱うことが大切である。子どもたちの「読書案内人」は，子どもたちを直接指導する担任や教科担当教員であるが，司書教諭や学校司書を含めた全教職員であるといえよう。これに図書館ボランティアや読書ボランティアも加わる。家庭にあっては家族であり，地域にも同様の立場の方がいる。こうした人たちは，子どもたちが読書の習慣を身につけるためにさまざまな手助けができるであろう。人任せにしないで「よき読書案内人」を目指してもらいたい。読書好きな子どもを育てるためには，子どもたちを取り巻くおとなが，まず読書好きとなることである。

　学校図書館の整備充実については①学校図書館の機能を明確にし共通理解を図り運営組織を充実させること②蔵書を充実させるとともに，使いやすいわかりやすい図書館にしていくこと③教育課程との関連を重視し，学習に役立つ図書館にしていくこと④図書以外の資料も充実させるとともに，コンピュータなどの機器の活用も可能な場にしていくこと⑤子どもたちにとって身近で親しみのもてる場にしていくことが基本と考える。

　「学校図書館へ行かないと本との出会いがない」「本が少なくて読みたい本がない」「探している本がどこにあるのかわからない」「古い本，汚れている本，破れている本などが多く，手に取る気がしない」「授業で学んだことが図書館で深められない」「座席が少なく，落ち着いて本を読んだり調べたりすることができない」「本を選んだりわからないことを尋ねたりしたいのに，相談する人がいない」「図書館に人がいないので本を借りることができない」「図書館の雰囲気が暗い」「図書館に鍵がかかっていて使えない時が多い」などということがないように，「学校図書館の整備充実」は，喫緊の課題である。

（磯部延之）

第Ⅴ章　発達段階に応じた読書指導

1　読書能力の発達段階

　発達段階に応じた読書指導を行う上で，従来取り上げられてきたのが阪本一郎が説いた「読書能力の発達」と「読書興味の発達」である。児童心理学者として戦後の日本の学校図書館界を牽引した阪本の功績は，大きい。

　『読書の心理』で阪本は，「読書能力の発達」を「読書入門期」「初歩読書期」「展開読書期」「成熟読書期」の４期に，「読書興味の発達」を「絵話期」「昔話期」「童話期」「物語期」「文学期」「思索期」の６期に分析している[注1]。阪本の「読書能力の発達」と「読書興味の発達」は，現代にも通ずる普遍性を見出すことができるが，時代の変化とともに，児童生徒の発達の仕方も少しずつ変化してきた。

　第Ⅰ章では，文部科学省「子供の読書活動推進に関する有識者会議」2018年８月１日第１回での配布資料「読書能力の発達段階」を示した。

　本章では，上記の「読書能力の発達段階」や下記の平成 29・30 年改訂学習指導要領国語の目標を参考に，発達段階に応じた読書指導について述べることとする。

図表５－１　平成 29・30 年改訂学習指導要領国語の目標より

学　　年	学習指導要領国語１目標より
第１学年及び第２学年	言葉がもつよさを感じるとともに，楽しんで読書をし，国語を大切にして，思いや考えを伝え合おうとする態度を養う。
第３学年及び第４学年	言葉がもつよさに気付くとともに，幅広く読書をし，国語を大切にして，思いや考えを伝え合おうとする態度を養う。

第5学年及び第6学年	言葉がもつよさを認識するとともに，進んで読書をし，国語の大切さを自覚して，思いや考えを伝え合おうとする態度を養う。
中学校第1学年	言葉がもつ価値に気付くとともに，進んで読書をし，我が国の言語文化を 大切にして，思いや考えを伝え合おうとする態度を養う。
中学校第2学年	言葉がもつ価値を認識するとともに，読書を生活に役立て，我が国の言語 文化を大切にして，思いや考えを伝え合おうとする態度を養う。
中学校第3学年	言葉がもつ価値を認識するとともに，読書を通して自己を向上させ，我が国の言語文化に関わり，思いや考えを伝え合おうとする態度を養う。
現代の国語言語文化論理国語文学国語国語表現	言葉がもつ価値への認識を深めるとともに，生涯にわたって読書に親しみ自己を向上させ，我が国の言語文化の担い手としての自覚をもち，言葉を通して他者や社会に関わろうとする態度を養う。

2　発達段階に応じた読書指導

（1）乳幼児期

　この時期は，ストーリーテリングや読み聞かせに十分親しみ，耳からの読書を積むことが大切である。幼稚園・保育園・こども 園などでの集団生活において，友だちとストーリーテリングや読み聞かせを楽しんでいる子どもたちは，集団で話を聞く態度も育っており，小学校生活に難なくつながっていく。

　赤ちゃんには，日常生活で優しく語りかけることから始まり，初めての本との出会いもさせたい。赤ちゃんの月齢なりに絵をじっと見つめる時期，にこっとする時期，しっかり笑顔になる時期と進んでいく。

　幼児期の子どもは，お気に入りの本を何回でも繰り返し読んでもらいたがる。図書館で絵本に親しみ，お気に入りの本は購入すると，本への愛着もひとしおになる。乳幼児健診で読み聞かせをしたり，絵本や絵本のリストをプ

レゼントしたりする自治体も増えている。

（2）低学年の読書活動

　入学したばかりの子どもたちは好奇心にあふれ，担任の教員が読んでくれる絵本が大好きである。コンピュータでの貸出ができるようになった学校では貸出カードに文字を書かなくてもよいので，すぐに本の貸出をすることができる。学校図書館の使い方，貸出・返却の方法などを学び，入学直後から学校図書館を使えるように指導していくことが大切である。

　担任は文字の少ない本から，朝の会や帰りの会で読み聞かせをしてほしい。聞くことができるようになってきたら，耳からだけで楽しめる「おはなしのろうそく」（東京子ども図書館）の読み聞かせも有効である。読書ボランティアによる読み聞かせを実施している学校では，ボランティアの協力を得て担任も一緒に読書を楽しむ姿を見せるとよい。

　2学期以降になってくると，平仮名・カタカナを習得し，簡単な漢字の学習も始まる。そして，自分一人で読める本が増えてくる。国語の教科書の中にある物語と同じ程度の本の読み聞かせをすると，自分でも読むようになる。文字を読むことにも個人差が大きく，就学以前から一人で読める児童もいれば，入学してから読み始め，拾い読みの児童もいる。担任は個に応じた読書指導を進めていく。教科書によっては，たくさんの本から読み取り，わかったことをまとめていく単元がある。公共図書館から借りるなどして本をそろえ，普段見ない本から学ぶ経験も大切である。

　2年生になると，読書の幅が広がる。1年生から利用している学校図書館の使い方にも慣れ，自分が好きな本がどこにあるかもわかってくる。新しく購入した本を紹介すると喜んで読み始める。簡単な物語も絵本同様に楽しむようになる。2年生は，読み聞かせも大好きで，引き続き読み聞かせを続けることも大切である。

　生活科の学習で野菜を育てる時には，図鑑や育て方が掲載されている本もブックトークの中に入れていくとよい。この時期に図鑑の目次，索引の使い方を学んでおくと，3年生以降に図鑑を有効に使える。絵本や物語を読む読

書から図鑑などを読む読書にも幅が広がる。

（3）中学年の読書活動

　学校生活にも慣れ，活動が活発になる３年生は，友だちと一緒に活動するのが大好きで，学習も集団で学び合えるようになる。子どもたち同士の口コミも活発になり，好きな本を共有するようになる。絵本も文字の多いものを読むようになり，物語への移行も始まる。読み聞かせも大好きで学級全体で楽しめるようになり，同じ言葉やストーリーを共有し，学級の力を高める。

　４年生になると，読む本のジャンルもグレードも個人差が広がってくる。高学年向けの本をどんどん読む児童もいれば，まだ低学年が読むような本を読んでいる児童もいる。本を紹介するときには，ジャンルとともにグレードにも幅をもたせたい。

　難しい本を読む児童がよいのではなく，多読期のこの時期を大切にたくさんの本に親しめる時間を確保できるようにしたい。本を読むのが面倒くさいなどという児童も出てくる。強制せず，何気なく本の話をするのも有効だ。読書好きの友だちができると簡単にハードルを越せることもある。読み聞かせやブックトークなどで出会った１冊の本により読書に興味を持ち，読むことが好きになる児童もいる。

　多読期である中学年の頃は，読む力の育成にとって大切な時期である。４年生になるまでに100ページぐらいの中学年向きの本が読めるようになり，５年生になった時に200ページぐらいの児童文学が読めるようになっていると，高学年で必要な読む力がつく。

（4）高学年の読書活動

　５年生になるとますます個性が出てくる。自分の好みがはっきりして，読書好きの児童はどんどん読むが，読まない児童もいる。ニーズに応じた本の紹介や読み聞かせも続けたい。学級文庫を利用して何気なく読んでほしい本を身近に置いておくと，朝の読書タイムに活用される。学校図書館からの学級貸出も行いたい。読み聞かせでは，高学年向けの絵本も良書が多数出版さ

れているが，長編を毎日少しずつ読み聞かせることもある。

　高学年の学習は，体験では学べない文章や資料から学ぶ学習，映像で表せない抽象的な事柄を学ぶ学習が増える。文字を読み，言語で考える力は，高学年からの学習の理解力につながる。読書に親しんでいる児童は，教科書もすらすら読め，内容を理解できる力が身についている。

　高学年になると，行事や委員会活動などで児童の学校生活が忙しくなるので，読書の時間を意図的に作りたい。朝の読書タイムの他，課題が早く終わった時や給食を食べ終わったあとなどのちょっとした時間を読書タイムにして隙間の時間を読書にあてることも有効である。机の引き出しや「本袋」など座席近くに常に読みかけの本を置くようにすると，隙間の時間に読書をすることが容易になる。

　6年生になると，自分の個性を見つめ，好みもはっきりしてくる。中学生や高校生，おとなが読むような本を読む児童もいる。教卓の上に本を置くだけで興味を示し，読みたがる児童もいる。機会を見つけては本の紹介をする，テーマを決めてブックトークをすることも効果的である。

　新聞を読み，記事を選んで朝の会で紹介し，自分の意見を述べるなどの活動もできる。

　6年生になると，自分たちで企画・運営してさまざまな読書会が取り組めるようになる。国語や特別活動の時間などを利用したい。卒業前に卒業に向けて，学年で読み聞かせに取り組んだ活動例がある。低学年の時の思い出の本や中学生になってからの未来に向けた本などを選び，思い出と未来に向けた読み聞かせの会ができ，各自の個性がわかる楽しい会になった。

　小学校の時にしか指導できないことを考え工夫し，6年間を通して読書指導をしていくことが生涯にわたり，読書をしていく人を育てることにつながる。

（5）中学校・高等学校での読書指導

　青年期に入ると，自己の向上や社会に関する関心も高まり，徐々におとなの読書との境がなくなってくる。もちろん，娯楽としての読書もあってよい。

独立期に入ると一時的な活字離れもあるが，古典や名作に挑戦したり，「読んでおこう・読んでみよう」と教養を身につけるために読書をしたりするようにもなる。

　中学校の学校図書館は，児童書から話題になっているおとな向けの一般書まで，幅広い選書が必要になる。高校生は，生涯に通じる読書習慣を確立し，他者や社会を考え，自己を形成していく，人生にとって大切な時期である。しかし，勉強や部活動が忙しくなり，未読者がたくさんいることが課題である。

　義務教育である中学校での読書指導は，当然行われるべきであるが，2019年度版高等学校学習指導要領では，読書指導や授業での学校図書館活用も謳われている。新書や専門書も含めて，ブックトークなどで本の紹介をしたり，生徒の学校生活の中に学校図書館を利用する時間を確保したりする必要がある。

　とくに「各教科等」の教育活動の中で学校図書館を活用することが中学校・高等学校での課題である。

　総合的な学習の時間を中心に探究的な学習が行われているが，体験だけやインターネットで調べるだけにならないように，メディアの特性を生かして効果的に調べ，レポートの書き方やプレゼンテーションの仕方の基本的な学習をきちんとしてほしい。

（山田万紀恵）

〈注〉
（注１）阪本一郎『読書の心理』牧書店　1954 年　p.263-280
　　文献により，阪本の表記は，一定ではない。ここでは，『読書の心理』の分析を紹介した。

子どもの本の種類と提供

1　図書資料の種類と提供

（1）読書と図書資料

　第Ⅲ章で述べたように，学校教育における読書は，1冊の本を最初から最後まで読み通すことと，新聞や雑誌などを含め何かを調べるために必要な部分を探して情報を読み取ること，その両者を指導する必要がある。

　現代の読書は，さまざまなメディアを読み取ることまでその範囲を広げることが求められるが，時代が進んでも図書資料の果たす役割は大きい。

　単に情報を得るためには，インターネットは便利である。インターネット情報の信憑性を確かめることの重要性は，広く知られているが，インターネット情報は世の中のすべてではないことも，ちょっと専門的なことを知ろうとすればすぐにわかる。

　デジタルで読書をする人も増えているが，装丁や割り付けまで考えられている本と文字情報や画像そのものの掲載に特化されたデジタルでは，読んで頭の中に想像される世界が異なる。また，学習指導要領で「習得・活用・探究」や「主体的・対話的で深い学び」がキーワードとなり，探究的な学習でさまざまな情報を適切に活用して考察する力を育成することが求められているが，インターネットで容易に調べられるようなことを調べるだけでは，探究とはいえない。図書資料は，著者や編者により構成されて1冊が成り立っている。

　児童生徒が学校図書館を利用して読んだり調べたりする対象が，実態ある学校図書館資料だけでなく，手で触れることができない情報まで含めた学校図書館メディアとなり，近年は情報資源という概念にまで広がっているが，図書資料の果たす役割はまだまだ重要である。

　そこで，ここでは，図書資料の種類と提供を取り上げた。

　第Ⅲ章で述べたように，図書資料と図書，本はほぼ同義語だが，家にある本や書店の本を図書資料とは呼ばない。図書資料という場合は，何かを調べるための資料としての図書や，娯楽のための読み物であっても図書館や学校図書館など組織化された図書を指すことが多いのではないだろうか。

　本章では，一般に「本」を表す場合は本，学校図書館メディアの中の「本」を表す場合は図書資料を用いることとする。

　現在，さまざまな本が出版され，種類も多様である。学校図書館では，日本十進分類法により図書資料を分類し，絵本や参考図書，漫画などを別置していることが多い。本章では，絵本，文学，非文学に大別し，文学では，主に物語と詩歌を取り上げ，非文学では，主に知識の本と参考図書を取り上げる。さらに，伝記と漫画についても取り上げることとした。

（2）　図書資料の種類

①絵本

　『新・こどもの本と読書の事典』では，絵本は「絵とことば，『描く力』と『語る力』がからみあって，ひとつの流れをもちながら，構築される世界である」[注1]と述べている。本来，絵本作家は絵と文，本の装丁までも含めて創造する仕事である。文の位置や文字の大きさ，字体も絵の一部として，作品世界を描く。本の大きさや表紙，表題紙，見返しなどにもこだわっている。瀬田貞二は，「絵本における文と絵とは，脚本と役者と考えてもまちがいはないでしょうが，それが完全に一体となって一つの絵本になることと，あたかも脚本も役者も分かちがたい一つの舞台上の演技になるのとよく似ています」「とにかく絵本の物語と挿絵とは唇歯一体，間然するところなき一つの統合になって，はじめてよい絵本だと評されます」[注2]と述べている。

　近年は，絵と文の著者が異なる場合も多い。まず，作家が文章を書き，それに画家が絵を付ける方法が多いようである。作家が，画風を考慮して出版者と相談して画家を決める場合もあれば，絵が出来上がるまで自分の書いた話がどんな絵本になるのかわからない場合もあるという。いずれにしても絵

本は，絵，文章，文字，大きさや形，すべてが１つの世界を作り上げている。表紙，見返し，表題紙も味わい，本文を読み終わったあとは，後ろの見返しや裏表紙を味わいながら絵本世界の余韻にひたり，表紙の絵と裏表紙の絵がつながっている場合は，広げてしっかり鑑賞したい。

絵本は，小さな子どもを対象に出版されていると思われがちだが，小学校高学年や中学生・高校生に読ませたい絵本やおとな向けの絵本も数多く出版されている。中学校や高等学校の学校図書館でも，絵本を別置して，絵本コーナーを作っている学校図書館もある。

②児童文学・物語・小説

児童文学・少年少女小説・童話・物語など，児童向けの読み物にはさまざまな名称がある。

『新・こどもの本と読書の事典』では，児童文学を「大人の作者によって，こどもの読者に読まれることを想定して書かれた作品」「本来はこどものための文学でなかったが，こどもに読まれるようになった作品」「こどもの本という形態をとっているにもかかわらず，大人に読まれている作品」の３つのタイプをあげている[注3]。また，「日本において，少年文学，お伽噺，童話，少国民文学などを経て，1950年代後半から児童文学が総称として定着した。そのため，児童文学という用語は，様々な時代や言語圏のこどもの文学のすべてをさすもっとも一般的な名称だが，童話の時代をのりこえて成立した文学というニュアンスをもつことがある」と述べている。

リリアン・H・スミス（Lillian Helena Smith）は，『児童文学論』において，「児童文学は，一般文学の一部門であり，ほかの文学形式とまったく同じ批評の基準に従わなければならない」[注4]とも「よい作品に備わっている特質とは，文学的な価値ということである」[注5]とも述べている。スミスが本書を著した時代でも「文学といえない子どもの本がたくさん作り出され」「印刷所から出てくるおびただしい子どもの本の数量を考えると，ことがらは，重大になってくる。かろうじて一括書評に組み込まれた場合でも，立派な本が注意されずに見すごされたり，目立たずに終わったりしてしまう可能性が，げんに起こっている」[注6]とある。今日に至る課題である。

　「文学的価値」とは，道徳的・教訓的とは異なる。ナンセンスものと呼ばれる作品やエンターテイメント性に富む楽しい作品にも優れた日本語表現の児童文学と言える作品が数多く出版されている。娯楽としての読書も成長の糧となるような読書もできる人間を育成したい。

　中学生・高校生になると読書量が減ることが課題となっているが，10代の読者を対象としたヤングアダルトと呼ばれる分野の作品が出版されている。1979年には，「YA世代の中学生や高校生が読書をするための環境を整え，YA向けの本の出版を活発にしていくことを目的に発足した出版社の集まり」[注7]である「YA出版会」が発足した。多くのYA作品を発表している梨屋アリエは，「ヤングアダルトは『若い大人』という意味である。まだ大人とは認められないが，もう子どもではないと自認した人たちのことを本来は指している。年齢や学年の区別ではなく，青少年向けともティーン向けとも発想が違うのだ」[注8]と述べている。YA作品は，小学校高学年ぐらいから読まれているので，小学校の学校図書館でも選書の対象として検討することが可能である。

③詩歌

　元号令和が万葉集を出典としていることから万葉集に関心が集まっている。テレビ番組の影響で，俳句と歳時記も注目されている。日本十進分類法では，万葉集や古今和歌集，新古今和歌集，百人一首などの和歌，俳句や川柳，短歌，童歌（わらべうた）や童謡も詩に分類される。おとなが子どものために書いた詩を「少年詩」，子どもが書いた詩を「児童詩」という。

　国語には詩を書く学習もあり指導が難しいが，多くの詩に親しむことにより，詩とはどのようなものか自ずとわかってくる。

④知識の本・ノンフィクション

　読書には，何かを調べたり知識を得たりするための読書もある。『新・子どもの本の事典』では「知識の本，ノンフィクションという言葉は，人によりその範囲などにいろいろ異なった捉え方があることをふまえておくことが必要である」[注9]とあるが，学校図書館では，何をもって知識の本とするのかということよりも，どのように分類するのかということの方が大切である。

「評論, エッセイ, 随筆, 日記, 書簡, 紀行, 記録, 手記, ルポルタージュ」は,「9類文学」になるが, ノンフィクションは, 0類〜8類に分類する場合もある。その本の内容を把握し, どの分類にしたらより適切か判断することが大切である。

　児童書には, 科学読み物や事実物語という概念もある。これらの読み物により読者は, 情報や知識を得るだけでなく, 論理的な思考を養ったり, 筆者の思いに触れ感動したり, 扱われている内容について深く考えさせられたりする。情報や知識を得るためには, インターネットの利用が進んでいるが, 内容を吟味し, 構成を考え, 編集された本からしか得られない知識や知恵は, インターネットでは得られない。

　小学校においては,「知識の絵本」は絵本として別置するより, それぞれの主題の元に分類する方が利用しやすいだろう。知識の絵本も調べるための資料として利用する, 扱われている主題に興味をもって読みたい本を探すなど, 主題で探すことが多いと思われる。

⑤参考図書

　参考図書は, 目録や索引など資料を探すための図書と辞典・事典・年鑑・白書など情報や知識の探索のための図書とがある。図鑑は参考図書コーナーに別置している学校図書館もあるが, それぞれの主題により分類されることが一般的である。

　参考図書はデジタル資料になっているものも多いが, さっと開いて見たりグループでいっしょに見たりするのには, 図書のほうが手軽である。

⑥伝記

　伝記は人間の歴史を綴ったもので, 日本十進分類法では2類に分類される。個人伝記は「289」, 3人以上の伝記や人名録, 人名辞典は「280」, 日本人のみなら「281」になる。日本十進分類法では, 個人伝記に「哲学者, 宗教家, 芸術家, スポーツマン, 書芸に携わる者および文学者（文学研究者を除く）の伝記は, その思想, 作品, 技能などと不可分の関係にあるので, その主題の下に収める」と注記がある。しかし, 小学校や特別支援学校の場合, 利用しやすいという理由で, 伝記はすべて「289」に分類されている学校図書館

もある。活躍中のスポーツ選手や話題になっている人物の自伝や半生を綴った図書は，伝記ではなくその主題の下に分類した方が利用者の要求に合致するようである。図書記号を被伝者で記し，同じ分類記号の中では，図書記号順に配架することにより，自館の蔵書の状態が見えたり児童生徒が人物に着目して伝記を読んだりするようになる。

　伝記は，個人の業績を調べるための「知識の本」ではない。矢野四年生は「伝記を読んでの感動というものは，すべてが偉かったとする，道徳のおしつけのようなものではなく，その人物が達成した業績までの軌跡，欠点や失敗もあったが，真実一路に生きた人間への感動，共感にあるのだと思う」「称賛一辺倒でない，たのまれ仕事ではなく，その人物の人間像に惚れこんだ人間ドラマを見せてほしいものである」[注10]と述べている。

⑦漫画

　漫画は，映像と活字が融合した文化芸術作品と言える。今や漫画は，子どもからおとなまで幅広い年代に読まれており，各年代共通に読まれている作品も少なくない。テーマやストーリー性も評価され，アニメ化だけでなく，映画やテレビドラマの原作としても注目されている。

　図書館や学校図書館の蔵書としてもその地位を得ている。「全国学校図書館協議会図書選定基準」[注11]には，「まんが」の選定基準も掲載され，全国学校図書館協議会のウェブサイトで入手できる。

2　図書資料の選択

（1）学校図書館資料選択のための組織と方法

　学校図書館は学校の教育設備であり，そこで行われるのは学校教育である。学校図書館資料は公費により購入される。どんなに優秀な司書教諭や学校司書がいても個人が選定するのではなく，他の予算執行と同じように，学校として予算執行することが重要である。

　そこで，学校図書館資料選定委員会を組織する。小学校では校務分掌上の

学校図書館部が兼務してもよいだろう。中学校・高等学校では，教科主任も参加してほしい。司書教諭と学校司書は，図書資料の専門家として選定の中心となるが，資料収集規定も払い出し規定とともに文章化することが重要である。「学校図書館図書標準」や全国学校図書館協議会の「学校図書館メディア基準」も参考にするとよい。

　購入図書資料の選定は，全教員の声を聞き，教科指導や読書指導に必要な図書を優先させるよう検討したい。国語の教科書に紹介されている本もなるべく揃え，関連図書も検討したい。学校図書館には，読み継がれているロングセラーが古く色あせて読まれなくなっている場合がある。今の児童生徒にも読んで欲しい本は，買い換えて出会いの場を作り，今後も長く読み継いでいって欲しい。児童生徒の要望も参考にしたいが，限られた予算の中でリクエストされた本をすべて購入することはできないことを伝えておきたい。購入候補図書が決定したら全教員に回覧などで知らせる。

　寄贈本については学校図書館資料選択委員会で検討し，学校図書館に必要な本，学校図書館にあってもよい本を受け入れる。

　近年は，学校図書館の蔵書構成などについて近隣の住民等から問い合わせがあることもある。公費の執行は，校長決裁により確定される。近隣住民の問い合わせなどは，館長である校長が対応する。

（2）選書のためのツール

　学校には，出版社や取引先の書店などからのパンフレットや注文用カタログであるブックリストなどが多数届く。しかし，カタログだけで選書をしている学校図書館は，セットになっている図書やシリーズばかりが目立ち，1冊1冊の本の魅力が感じられないことが多い。司書教諭や学校司書は，本に接する機会をもち，常にアンテナを高くして，子どもの本の専門家となるよう研鑽したい。

　出版流通情報誌・書評誌・新聞・雑誌・公共図書館のたよりや展示なども参考になる。書店，とくに児童書に力を入れている書店に足繁く通って，出版状況を把握することもしたい。

　本の取次店や書店などが開く展示会では，実物を見ることができる。学校に本を持ってくる巡回展示を行っている業者もある。中高一貫校のように規模が大きな学校図書館では，「見計らい」といって，書店から新刊本などを持ち込んでもらい，実物を見て購入する本を決めている学校もある。

　国際子ども図書館の児童書研究資料室では，近刊の児童書を手にとって読むことができる。全国学校図書館協議会のウェブサイトの「コンクール・募集」では，「学校図書館出版賞」「日本絵本賞」の受賞作品，「青少年読書感想文全国コンクール」の課題図書，「読書感想画中央コンクール」の指定図書が，「図書の選定事業」では，「夏休みの本（緑陰図書）」「よい絵本」（2016 年第28 回選定で終了）「えほん 50」（2019 年より選定）のリストが入手できる。

3　図書資料の提供

（1）閲覧

　学校図書館は，休み時間や放課後に個人が利用する場合や授業で利用する場合，委員会やクラブ活動やグループで利用する場合などがある。閲覧席も個人で静かに読書ができる個人用の机（図表 6 − 1），ブラウジングコーナーのようにリラックスして雑誌などが読める席（図表 6 − 2），学級で授業ができるスペース（図表 6 − 3），小学校では読み聞かせやお話会に適切なスペース（図表 6 − 4），グループで作業ができる広い机など，多様な利用に対応できる学校図書館でありたい。できれば，グループで話し合いや作業ができるコーナー，発表会ができるコーナーなどもほしい。中高一貫校の学校図書館で，生徒の要望で音読ができるコーナーを設置している学校図書館がある。また，授業で利用するスペースには，プロジェクタと机上にパソコンを常設し，常にプロジェクタで映したり，パソコンを使ったり，図書資料などの学校図書館資料を利用したりできるようになっている学校図書館もある。

　学校図書館ガイドラインに「児童生徒の登校時から下校時までの開館に努めることが望ましい」とあるように，休み時間や放課後など利用したいとき

図表6－1　個人用閲覧机

図表6－2　ブラウジングコーナー

図表6－3　学校図書館を授業で活用

図表6－4　読み聞かせコーナー

にいつでも開館していることは，閲覧を増やすことにつながる。授業で学校図書館を利用することは，学校図書館に親しむことにもつながる。そのためには，複数の学級が利用できるだけのスペースがほしい。スペースが確保できない学校図書館では，授業で利用している学級以外の児童生徒も静かに資料を探してもよいことにするなど校内で取り決めをしたい。

　また，同じく学校図書館ガイドラインに記されているように「一時的に学級になじめない子供の居場所となりうる」ためには，授業で活用され休み時間や放課後も児童生徒がたくさん利用している学校図書館の中に居場所としてのスペースも必要になる。

（2）貸出

　公共図書館では自動貸出機が普及してきたが，貸出返却はバーコードをなぞるだけの作業ではない。とくに小学校では，担任が一人ひとりの読書傾向をつかみ，個に応じて声を掛けることにより貸出返却の場も読書指導の場となる。

　長期休業中もなるべく開館できるように，児童生徒の登校状況に応じて計画したい。

①禁帯出の本

　参考図書（レファレンスブック）などは，「禁帯出」または「館内」のラベルを貼り，貸出をしないで，いつでも館内で閲覧できる状態にしておく。学校によっては，図鑑や漫画を禁帯出にしている学校もあるが，児童生徒の利用のしやすさと教員の思いを考慮して，自館の基準を作成する必要がある。

　雑誌や禁帯出の学校図書館資料でも，家庭での学習に必要な場合，「一夜貸出」という貸出を行っている例がある。放課後に借りて翌朝返却することにより，児童生徒が学校図書館を利用しない間だけ借りることができるシステムである。

②貸出冊数と期限

　小学校の学校図書館の中には，1冊しか借りられない学校がある。しかし，複数冊借りられれば，娯楽のための本も成長の糧になるような本も借りることができる。3冊4冊までになれば，さらに借りる本の幅を広げることができる。貸出期限も校種によって異なるだろう。長期休業前に貸出冊数を増やすことはよくある。長年踏襲されてきた勤務校の決まりを一度見直してはどうだろう。

③個人情報

　学校図書館でも個人情報の保護は大切であるが，児童生徒の読書傾向を知り指導するのは，教育活動として必要なことでもある。しかし，それを学校の外に流出することは許されない。教員とともに，学校司書などの職員，学校図書館のボランティアなども守秘義務を守ることが重要である。

コンピュータによる貸出が普及し，個人退出カードがなくなると，個人の読書の記録が残らなくなった。家で読んだ本も含めて読書の記録をつけさせたり，借りた本の書名をカードに記録させたり，貸出履歴を残すソフトを入れて教員だけが見られるようにしたり，学校によりさまざまな工夫が見られる。学校図書館の教育活動と個人情報の保護との双方を考えて対処したい。

　代本板は，だれが何の本を借りているか一目でわかってしまう。以前は本の裏にブックポケットをつけて，カードに借りた人の履歴が残った。代本板やブックポケットのカードは，個人情報の保護からなくなった。読書の記録も勝手に見られない場所に保管する配慮が必要である。

④督促

　図書資料は，消耗品である。しかし，電算管理し，蔵書点検が容易にできるようになると一冊一冊が公費で購入した大切な本であることを実感する。日本十進分類法によりきちんと配架すると，一冊でも無くなることが蔵書構成に影響することがわかる。

　学校図書館の管理からも教育的な見地からも，督促は定期的に行いたい。返却されない本はきちんと督促して，児童生徒にも期日を守って返却することの大切さを学ばせたい。

（3）予約

　予約はその時書架にない本が手に入るようになり，次に読みたい本をもつことにもつながる。予約した本が貸出可能となった場合の連絡の仕方，貸出までの保管日数などは，学校図書館の利用規程に記す。

　蔵書管理の電算化により，検索も予約も容易にできるようになった。

（4）本の紹介

　新着図書やおすすめの本は，図書館便りやポスターなどで紹介する。表紙を見せて書架に並べたり，展示をしたり，本と出会える学校図書館作りも必要である。学校図書館から離れた校内に，図書の展示コーナーを作ることも効果的である。

　本書に紹介した読書活動を参考に，年間計画を立て，活発な読書活動を展開することは，児童生徒と本との出会いにとって重要である。

（小川三和子）

〈注〉

（注1）村中李衣「絵本とは何か」黒沢浩他編『新・こどもの本と読書の事典』ポプラ社　2004年　p.29

（注2）瀬田貞二『瀬田貞二子どもの本評論集絵本論』福音館書店　1985年　p.152

（注3）石井直人「児童文学とは何か－考え方の変遷と現代」前出『新・こどもの本と読書の事典』　p.68

（注4）リリアン・H・スミス著，石井桃子他訳『児童文学論』岩波現代文庫・文芸282　岩波書店　2016年　前書き

（注5）同上　p.46

（注6）同上　p.44

（注7）ヤングアダルト出版会「ヤングアダルト出版会について」（http://www.young-adult.net/［2019年6月16日現在参照可］）

（注8）梨屋アリエ「入り口としてのYA，出口としてのYA」『学校図書館』全国学校図書館協議会 No.761　2014年　p.26-29

（注9）塚原博「知識の本」『新・こどもの本と読書の事典』前出　p.41

（注10）矢野四年生著　足立の学校図書館を考える会編『新訂子どものための伝記の本』のべる出版発行　コスモヒルズ発売　2002年　p.35

（注11）「全国学校図書館協議会図書選定基準」（http://www.j-sla.or.jp/material/kijun/post-34.html［2019年6月16日現在参照可］）

第Ⅶ章　読書環境の整備

1　図書資料の整備

（1）「読書センター」としての学校図書館の整備

　児童生徒が本と出会い，本に親しみ，読書習慣を身につけ，より深くより質の高い読書生活が送れるように，学校ではさまざまな読書活動や各教科等での読書指導を行う。本章では，これらを支える読書環境の整備を取り上げる。

　読書環境の中心を成すのが，学校図書館の整備である。学校図書館の整備は，学校図書館の２つの目的と３つの機能を念頭に行われなくてはならない。「読書センター」としての学校図書館の整備は，学校教育におけるさまざまな読書活動や各教科等での読書指導を支える，休み時間や放課後にゆったりと読書ができる「心のオアシス」として居心地の良い読書環境を整える，児童生徒の読書生活をより豊かにする本との出会いのある学校図書館にする，という３つの視点が考えられる。

　学校図書館の整備は学校司書の重要な業務の１つであるが，学校の教育設備であることに鑑み，司書教諭が協働することの重要性を忘れてはならない。

（2）読書と学校図書館資料

　学校教育における読書は「文学作品を読むことに限らず，自然科学・社会科学関係の本や新聞・雑誌を読んだり，何かを調べるために関係する本を読んだりすることなども含めたものである」という文化審議会答申に準じたい。学校教育における読書の対象は，図書以外のメディアも含まれる。学校図書館では，図書以外のメディアの整備も重要である。

　ファイル資料は職員室などの身近な場所に箱などを置いて，学習で使えそうなパンフレットやリーフレットなどを教職員に入れてもらうと集めやすい。

　新聞，雑誌，「としょかん通信」のような壁新聞などの予算も確保する。新聞はその場で開いて読めるスペースも必要である。

　通常，ビデオやDVDなどの映像資料は，著作権上館外貸出はできないが，学校図書館で整備し，教員が授業で利用できるようにしておく。DVD付きの図書は館内貸出なら可能なのか，貸出は一切不可能なのか記載内容を確かめてから購入する。館内視聴が可能なメディアは，機器を置いて視聴できるコーナーを作る。

　インターネットが利用できる環境，冷暖房設備，備品の購入などは，管理職の協力のもと，自治体を動かす必要も出てくる。

図表7－1　ファイル資料

図表7－2　閲覧机のそばの新聞コーナー

（3）図書資料の整備

　「読書センター」としての学校図書館の整備の中心となるのが，図書資料の整備である。学校図書館ガイドラインに「原則として日本十進分類法（NDC）により整理し，開架式により，配架するよう努めることが望ましい」とあるように，図書資料は日本十進分類法で分類・配架する。あまり別置が多いと，たまに来館する利用者にはかえってわかりづらい。別置はなるべく少なく，効果的にする。

　日本十進分類法[注1]は，日本の標準分類法である。小学校で概要がわかり，本が探せるようになり，転校しても，進学しても，発達段階に応じて図書資料の分類について学び，公共図書館でもどこでも図書資料が同様の配列をし

ていると，生涯学習の観点からも図書館を活用する力が身につく。

　日本十進分類法は，形式より主題を優先して分類している。世の中のありとあらゆる知識・情報を１〜９までの９つの仲間に分け，そのどの仲間にも当てはまらないもの，複数の主題にまたがりどの分類にも入れがたいものを０類とする。

　それぞれの類をさらに９の仲間に分け，どの仲間にもはいらないものを０とし，数字を右につけていく。これで，100分類になり，第２次区分，または綱と言う。さらに，細かくそれぞれの綱を10に分類すると，1,000に分類され，これを第３次分類，目という。図表７−３^(注2)は，小学校中学年向けに作成された日本十進分類法のしくみである。学校図書館では，３桁までが多いが，中高一貫校など蔵書数が多い学校図書館では，大学図書館のように４〜６桁の細目にまで分類している学校図書館もある。

図表７−３　日本十進分類法のしくみ

0	総記	40	自然科学	480	動物学
1	哲学・宗教・道徳	41	数学・算数	481	一般動物学
2	歴史・伝記・地理	42	物理学	482	動物誌
3	社会科学・福祉	43	化学	483	むせきつい動物
4	自然科学・医学	44	天文学・宇宙科学	484	なんたい動物
5	工業・家庭科	45	地球科学・地学	485	せっそく動物
6	産業・交通・通信	46	一般生物学	486	昆虫
7	芸術・スポーツ	47	植物学	487	せきつい動物
8	言語	48	動物学	488	鳥類
9	文学	49	医学・薬学	489	ほ乳類

　同じ分類の本をさらに順序づけるためには，図書記号を用いる。図書記号は普通著者の姓から頭文字をとる。セットやシリーズで配架したい場合は，セットやシリーズの頭文字を図書記号にする。その場合，巻冊記号も付与して，１巻から順に並べる。配架順は，左から右，時計回りに配架する。

　分類記号は数字であるが，１は「哲学・宗教」「日本」「詩」など，数字に意味を持たせてあり，番号ではなく「分類記号」という。分類記号は，分類

と同時に配列も表している。

分類記号・図書記号・巻冊記号は，閉架書庫では，必要な本を請求するために書いたことから「請求記号」と呼んでいたが，開架が主流となった現在では，「所在記号」ともいう。図書資料の背にこれらを記したラベルを貼る。

図表7－4　ラベルの例

次に，書架見出し，棚見出しなどの案内表示を行う。書架の分類を表示する書架見出しは，市販されているが，温かみのあるデザインで手作りするのもよい。棚見出しや差し込み見出しを活用すると，より詳しい案内になる。館内案内図（図書館マップ）は，利用者の目につきやすい場所に掲示する。

日本十進分類法で分類・配架し，案内表示をするとだれでも利用しやすい学校図書館になる。

図表7－5　手づくりの書架見出し

図表7－6　差し込み見出し

2　展示・掲示・コーナー

読書環境の整備は，間接的に本と児童生徒をつなぐ働きをしている。本との出会いの演出は，読書活動推進の大事な要素である。学校としての読書活動や読書指導の計画とも呼応して，学校司書と司書教諭が連携・協働し，時には教員もかかわり，学校司書の専門性を生かした掲示・展示を行いたい。

図表7-7　色画用紙で書架を展示
　　　　　棚に改良（小学校）

図表7-8　古典と著作権について
　　　　　の掲示，表紙を見せる
　　　　　配架（中学校）

　季節や学校行事や学習などの関連図書の展示・掲示，図書委員や教職員のおすすめ本のコーナー，新着本のコーナーなどは，よく見かける展示・掲示である。

　コーナー展示は本との出会いを演出し，児童生徒の読書の幅が広がる。いつも同じ展示ではなく，更新することにより目新しくなり気を引く効果が生まれ，本との新たな出会いが生まれる。図書資料を展示したら，ポップや案内なども工夫する。

3　学年・学級文庫

　児童生徒の身近な場所に魅力的な本があることは，読書に親しむために効果的である。担任が読書好きな学級や読書活動に力を入れている学校は，読書習慣が身についている児童生徒が多い。学級文庫を魅力的にすることで，学校生活で一番身近な本との出会いの場になる。

　しかし，学級文庫や学年文庫があるので，学校図書館までは行かないのでは困る。学校図書館の学級貸出や学校図書館での個人の貸出返却時間を設定するなど，学校図書館の利用を伴うことにより個人の読書のレベルアップが期待できる。公共図書館では，学年・学級文庫用の読み物セットを図書館員が選書して団体貸出をしているところがある。同様に学校司書が選書し

たセットを学級・学年貸出している学校図書館もある。学級の図書係が選書して学級貸出を受け，学級の係活動として学級文庫を運営している例もある。貸出期間は1か月が多いが，学期単位で貸し出している学校図書館もある。公共図書館や学校図書館が払い出した本を学級文庫に置いている学校もあるが，「古い本の物置」にならないような工夫が必要である。

図表7－9　別置されている地域の推薦図書

学年分館という考え方もあるが，学校図書館資料を常時学年・学級に別置しておくのは，資料が分散してしまい，一部の児童生徒しか手に取れなくなってしまうので，注意が必要である。必要な期間に学年学級貸出にしたほうが，全校児童生徒が利用できる資料となる。各学年に応じた推薦図書を選定している地域では，選定図書を学年文庫として別置し，改訂される毎に入れ替えており，効果的な別置となっている。学年学級貸出や別置の本は，学校図書館に戻ってこないように，テープを貼るなど工夫している。

一方，国語辞典・漢字辞典，教科学習で使うために児童生徒数数分購入するポケット図鑑や特定の学年の単元だけに利用する資料などは，教科の予算で購入し，学級・学年文庫に常に置いておくと活用しやすい。

(小川三和子)

<注>

(注1) もりきよし原編　日本図書館協会分類委員会改訂『日本十進分類法新訂10版』日本図書館協会　2014年

(注2) 新宿区教育委員会「調べ方テキスト　小学校中学年用」しんじゅく学校図書館（http://www.shinjuku.ed.jp/~center-a/2a25039c.pdf［2019年6月18日現在参照可］）

第Ⅷ章　子どもと本を結ぶための方法

1　読み聞かせ

　読み聞かせは「いつでも　どこでも　だれにでもできる活動」である。

　1960年代の「親子読書運動」から「読み聞かせ」という言葉が生まれた。

　「読み聞かせ」は本に対する興味関心をいだかせ，読もうという意欲を起こさせる。豊かな想像力と感受性を養う。聞く力，語彙力，想像力の向上が図られる。聞くことは，自分一人で読むよりレベルの高い本が理解でき，一人読みに移行させていくための重要なステップとなる。おとなになっても本を読んでもらうことの楽しさは変わらず，「読み聞かせ」と「絵本」には卒業がないといわれる。

　小学校では，朝や帰りの短い時間などを利用して，日常的に学級担任が行うのが望ましい。どの本を読むかなどについては司書教諭や学校司書が支援する。司書教諭がコーディネートして読書ボランティアが定期的に行うこともある。近年では，休み時間に読み聞かせを行う，長編の一部を読み聞かせて紹介する，保育の学習に読み聞かせを取り上げるなど，中学校や高等学校でも，読み聞かせが取り入れられている。

　読み手は，自分の思いを本のストーリーとともに自分の声で子どもたちに伝えることができるが，聞き手が自分のイメージで聞けるように演技しすぎないようにする。大きすぎる動きや表現は，本を楽しむのではなく，読み手が演者になってしまい，パフォーマンスを楽しむことになってしまう。

　読み方は，聞き手と同じ空間で，1冊の本を共有し，いっしょに楽しみながら読む。絵本などをプロジェクタで映して読んで聞かせることは，1冊の本を共有するいわゆる読み聞かせとは，異なる読書活動である。ゆっくり，はっきり，丁寧に，声の大きさは一番後ろまで届く声で，間の取り方を考え，自然体で聞き手が自分のイメージで聞けるように心掛けたい。読み聞かせる

前に必ず声に出して下読みをしておくことが必要である。

　まず，表紙をきちんと提示し，表紙と裏表紙が一体となっている場合は，開いて見せる。作者，訳者，画家名も伝える。見返し，扉もしっかり見せ，味わわせたい。絵は，はっきり見せる。本はなるべく動かさない。ページをめくるときはめくる手で絵をさえぎらない。裏見返しも見せて本を閉じ，裏表紙を見せてから，表紙に戻って終わるようにする。

　本の選び方は，次のような観点で選びたい。長く読み継がれてきた本，ストーリーやテーマがわかりやすい本，理解しやすく共感できる本，日本語として美しい簡潔な文章で繰り返しやリズムの面白さがある本，生き生きとした魅力ある絵で遠くからでもよく見える本，季節や行事との関わりのある本，聞き手の発達段階に合っている本，子どもたちの状況に応じた本などである。

図表8-1　学校図書館での読み聞かせ

　イギリスで始まったブックスタートを受け，日本でも0歳児からの読み聞かせを奨励するようになってきた。小学校1年生の段階で読み聞かせをしてもらっていた回数が多いほど15歳時点での読解力テストの得点が高いというOECDの調査結果も出ている。

2　ブックトーク

　ブックトークとは1つのテーマにしたがって，数冊の本をキーワードでつなぎ，順序だてて紹介する読書活動である。

　アメリカの公共図書館の活動から始まり，1960年代に日本に紹介された。実施する時間，テーマ，児童生徒の実態に合わせて行うことができる。読書指導の視点だけでなく，すべての学習活動にも大きな成果が得られる方法である。同時に複数の本が紹介されることで，子どもたちは選ぶ楽しさを知り，読む本のジャンルも広がる。中・長編を読むようになる小学校中学年以上の

児童生徒には，とくに効果的な読書活動であると言えるだろう。

　例えば総合的な学習の時間のテーマに合わせて，紹介したい本を選び，ストーリーを考えながら5冊から10冊の本を紹介していくと児童生徒に興味関心をもたせることができ，各自のテーマを考える時の助けになる。理科では，星座の本，植物の本，動物の本などいろいろなテーマが考えられる。「ねこ」というテーマでも，物語，図鑑，飼い方，世界のねこ，写真集など幅広い本が選べる。社会科では，地図の本，歴史上の人物の伝記，国語では同じ作家の本，保健体育や栄養指導など，多様なテーマ，多様な切り口でブックトークを計画したい。テーマに即していれば9類の文学から，4類の自然科学，2類の歴史・地理，伝記まですべての本を幅広く選び紹介できるのがブックトークの魅力である。ブックトークをすることで複数の本が紹介され，物事を多角的に見たり，考えたりする力も育つ。

　楽しいブックトークでも，本の紹介が多すぎると児童生徒の認識があいまいになり，その後の読書活動につながりにくい。発達段階を考慮し，テーマやねらいをはっきりさせ，適書を厳選する必要がある。

図表8-2　ブックトーク

　ブックトークは学級単位で行ったり，必要に応じて学年単位，学校単位で行ったりできる。また，児童生徒にテーマを提案してブックトークをさせることで，児童生徒の読書の幅が広がることがある。学級の友だちの理解にもつながる。教員の意図やねらいを明確にしたブックトークを工夫したいものである。

　ブックトークで紹介した本は表紙の面を出して並べると，見やすく手に取りやすい。紹介してもらった本はすぐ

に読みたくなることもあるので，1冊でなく可能であれば複数用意したい。教員がブックトークをする場合は事前に紹介した本のリスト（著者名，訳者，書名，出版者などを記載）を作成しておき，ブックトーク終了後に配布すると，すぐに読めなくても本を探すことができる。児童生徒がブックトークをする場合には，紹介するためのワークシートなどを用意するとよい。それを回収してリストを作り，あとで配布する方法もある。

　本の紹介の仕方は表紙を見せたり，一部分を読んだり，絵や図を見せたり，さまざまな方法がある。必要に応じて詳しく紹介したり，軽く扱ったりとメリハリをつけることもある。聞いている児童生徒が飽きないような仕掛けを考えることが重要である。また，同じパターンかと思わせないようにしたい。小学校低学年では，本を読むのを途中でやめると気になって先にすすめないこともあるので1冊全部読むこともある。

3　ストーリーテリング

　ストーリーテリングはアメリカの公共図書館を中心に広まった。話し手が物語をしっかり覚え，語りかける活動で「素話」などともいわれる。何も持たず聞き手の目を見ながら語るので，語り手と聞き手の一体感がある。聞き手は聞くことだけに集中し，物語の場面や登場人物の心の動きなどを想像するので，耳からの読書ともいわれる。

　語り手は語る物語を自分のことばとして語らなくてはいけないので，練習や訓練が必要である。昔，いろり端で語った祖父母の昔話，布団の中で父母が語った昔話など日本にもあった。しかしながら，現代では本の読み聞かせを寝る前にしている家庭はあるが，昔話はなくなってきている。

　日本にストーリーテリングを紹介したのは，戦後アメリカで図書館学を学んだ松岡享子（1935〜　），渡辺茂男（1928〜2006）である。公共図書館の児童サービスとして日本でも広まった。

　ストーリーテリングに適した物語は，聞くだけでもわかりやすいように起承転結がはっきりしていて，同じパターンが繰り返される物語がよい。聞き

手は，繰り返しの面白さを味わい，想像して楽しむことができる。読み聞かせのように絵の力を借りられないので，耳からのことばだけで物語を理解することにより想像力や集中力が育つ。語るときは聞き手を見て，間を十分にとって，身振りや効果音を加えず，物語を忠実に伝えることが重要である。

4　読書感想文

　読書感想文指導は読書指導そのものといってよい。本を読んで感じたこと，考えたことを深く自分の内面と向き合い思索しながら，自分の持つ語彙力，表現力を使って自己表現する学習である。①読書を楽しむ，②内容を深く理解する，③主人公や著者との自己対話をする，④自己を見つめ直す，⑤これらを文章で表現する。表現は散文に限らず，詩や手紙などの形式もある。また，1～2行の感想から原稿用紙5，6枚ほどのものもある。

　齋藤孝は，「本を読んで感想文を書く。それは『他人の気持ちを理解して，寄り添う力＝人間理解』と『自分の感じたことや考えを人に伝える力＝表現力』の結集だ」と，述べている[注1]。

　2004年文化審議会答申「これからの時代に求められる国語力について」では，「教員自身が本を読んでいることが求められるのは当然であり，教員が自らの読書経験を踏まえながら，個々の子供たちの置かれている状況やそれぞれの考え方・感受性にきめ細かく配慮した読書指導を適切に行うことが求められる。例えば，読書感想文を書くこと自体は子供たちの国語力を向上させる有効な方策の一つであるが，一律に，読書感想文を強制するなど子供たちに過度の負担を感じさせてしまうような指導では，子供たちが物語の中に入り込めず，読書を楽しむことができない。常に子供たちの状況を的確に把握し，意欲を出させるための取組が必要である」と述べている。つまり読書感想文指導は「主体的・対話的で深い学び」の視点にたった学習指導要領が目指している学習の取り組みと一致する。

　大切なのは，日常の学習の中で子どもたちに読書習慣を確立することである。そのためには「楽しく読む」「調べて読む」「みんなで楽しむ」などの活

動が有効である。また，日常的に書くことや感想を持つことに取り組むことも必要である。「読書記録をつける」「心に残ったところを書き抜く」「おすすめの本の紹介」「読書郵便」「リレー読書」「読書新聞」「ブックトーク」「伝記を読んでの冊子づくり（授業での取り組み）」「本についてのスピーチ」「新聞記事の要約・感想」などさまざまな読書活動を参考にしたい。また，より自分の思いを表現できる感想文を書くために，語彙の数やことばの表現を増やすことが大切である。優秀な読書感想文を活用した指導もできる。

　読書感想文を書くための指導は重要である。まず，選書である。個々の子どもたちが感動した本，考えさせられた本，発見や驚きがある本を見つけることから始まる。自分が選んだ本と向き合い，読んで考える。考えながら読む。本から何かを感じ取ろうとする気持ちを大切にする。テーマは何か，作者が伝えたいことは何か，もし自分だったらなど，本を読んで自分を振り返る。付箋やメモカードを使うとよい。また，感動したことや驚いたことを家の人や友だちとおしゃべりをするなど自分の思いをことばにしていくことも役に立つ。メモを見ながら構成を考え感想文を書く。書き出しと終わり方を工夫し，自分の思いを込めた題名をつけるようにさせる。

　日常の作文指導や話し合い活動にも力を入れ，書くことをいとわない児童生徒を育成し，自分の思いや考えを文章で表現できる力をつけることも大切である。教員の指導のもとに読書感想文を書くように，読書感想文指導を学習指導計画に位置づけることが重要である。

5　読書感想画

　読書の感動や感想を絵画で表現したものが，読書感想画である。読書感想画は，自分の好きな場面を絵で表現してみる，本から得たイメージを絵で表現してみる，主人公になって絵の世界で活躍してみるなど，多様な視点で表現できる。

　小学校低学年は，思いっきり楽しんで描いていることが伝わる作品が多くみられる。高学年は本から何を感じ考えたか伝わる作品が見られるようにな

る。中学生，高校生の作品からは，作品の構成や題材，勢い，深さ，色彩などたくさんの工夫が見られ，何回も思索を重ねて本から感じたものを表現していることが伝わってくる。

　本を読んで文で表現することだけでなく，絵で表現することの素晴らしさが読書感想画にはある。

6　読書へのアニマシオン

　読書をゲーム感覚で楽しみながら，深く読み取る力を育てる活動を読書へのアニマシオンという。アニマシオンとはアニマ（ラテン語で魂・いのち）を生き生きと躍動させることである。フランス，スペイン，イタリアなどでは文化，社会活動を活性化する取り組みの中で広く使われている。第2次世界大戦後フランスではアニマシオンを実践するアニメーターに国家資格を与え，あらゆる文化的な活動を支える専門職とした。1980年代，読書離れに危機感をもった人たちが，本の楽しさを伝え，主体的に本を読むための読書プログラムをアニマシオンの手法を使って開発した。その一人スペインのモンセラット・サルト（Monserrat Sarto）の読書プログラム「読書へのアニマシオン 75の作戦」が日本に紹介され広まった。その活動を「作戦」と名づけた。絵本を読み，登場人物や本に出てきた物を当てるクイズにしたり，ストーリーの順番を考えさせたりなど，さまざまな作戦が紹介されている。

　例えば，絵本を読み聞かせ，その絵本の登場人物になりきって動いてみる「作戦55　聴いたとおりにします」，絵本の中の登場人物と違う登場人物を混ぜたリストをもとにその人物がいたかいなかったかを問う「作戦5　いる？いない？」などである。詩を使ったことば遊びの「作戦43　みんなの記憶」などは，一遍の詩をばらばらにして元に戻す作戦なのだが，なかなか元通りにはならずに違う趣の作品になり，ことばへの関心を育てる。

　実施するときには，児童生徒の発達段階や現状をふまえ作戦を考えることが大切である。これによって，楽しく読書に親しむことができる。

7　ビブリオバトル

　「ビブリオバトル」は2007年，京都大学の谷口忠大氏が考案した。「知的書評合戦」とも言われている。自分が選んだ本を紹介し合うことから始まるコミュニケーションゲームである。バトラー（発表者）は5分間で，本の魅力や主人公，驚いたこと，あらすじ，気に入った文章，自分との関わりやこの本との出会いなどを自分のことばで表現し紹介する。そして聞いている人たちに「読みたい」という気持ちにさせる。その後2分間の質問タイムを経て，次のバトラーと交代する。全員終わったら参加者で一番読みたくなった本を投票する。最多得票本がチャンプ本となる。ビブリオバトルのキャッチコピーは「人を通して本を知る，本を通して人を知る」である。2010年にはビブリオバトル普及委員会が発足し，高校生・大学生による全国大会も開かれるようになった。小学生からおとなまで楽しむことができる。

　ビブリオバトル公式ルール^{（注2）}

1．発表参加者が読んで面白いと思った本を持って集まる。
  a．他人が推薦したものでもかまわないが，必ず発表者自身が選ぶこと。
  b．それぞれの開催でテーマを設定することは問題ない。
2．順番に一人5分間で本を紹介する。
  a．5分が過ぎた時点でタイムアップとし発表を終了する。
  b．原則レジュメやプレゼン資料の配布等はせず，できるだけライブ感をもって発表する。
  c．発表者は必ず5分間を使い切る。
3．それぞれの発表の後に参加者全員でその発表に関するディスカッションを2～3行う。
  a．発表内容の揚げ足をとったり，批判をするようなことはせず，発表内容でわからなかった点の追加説明や，「どの本を一番読みたくなったか？」の判断を後でするための材料をきく。

ｂ．全参加者がその場が楽しい場となるように配慮する。

　　ｃ．質問応答が途中の場合などに関しては，ディスカッションの時間
　　　を多少延長しても構わないが，当初の制限時間を大幅に超えない
　　　ように運営すること。

　４．全ての発表が終了した後に「どの本が一番読みたくなったか？」
　　を基準とした投票を参加者全員一票で行い，最多票を集めたものを
　　『チャンプ本』とする。

　　ａ．自分の紹介した本には投票せず，紹介者も他の発表者の本に投票
　　　する。

　　ｂ．チャンプ本は参加者全員の投票で民主的に決定され，教員や司会
　　　者，審査員といった少数権力者により決定されてはならない。

　　参加者は発表参加者，聴講参加者よりなる。全参加者という場合にはこ
れらすべてを指す。

　　以上は，参加者本人が希望して参加するゲームである。学校で行う場合，
希望した参加者で行うイベントとして行う場合と学級全員参加の授業の一環
として行う場合では，目的や配慮の仕方が違ってくる。

（１）イベントとして行う場合

　・ステージ型……全校集会で

　・コミュニティ型……図書委員会や有志で

（２）授業として行う場合

　①国語科「話すこと・聞くこと」の言語活動として，目的を明確にする

　　・４，５人のグループでルールに従って，各自推薦本を紹介する

　　・グループでのチャンプ本を決める

　　・全体でグループのチャンプ本を紹介し，全体のチャンプ本を決める

　②本の選択

　　・学校図書館の蔵書の中から選ぶことも配慮

　　・テーマを設定……広いテーマ，作者，シリーズ，NDC別　等

　　各教科の授業の過程でも設定できる
　・読んでもらいたい本の質的な向上にも役立てる
③発表することで身につく力　話すこと→伝える力
　・本の読みの深まり
　　あらすじ，感想だけでなく，読んだ本への分析力・思考力など読みが
　　深くなる
　・発表は「語り」で，自分の体験なども取り入れる

　ビブリオバトルは，読書の面白さや本への思いを大切にしたい。話すこと
や聞くことのスキルアップやプレゼンテーションの学習にも役立つ。小学校
では，３分間で発表するミニビブリオバトルの実践も多い。公式ウェブサイ
トが充実している。対戦メモや専用の減算タイマーなどもダウンロードでき
る。

8　読書会

　読書会とは複数人が集まり，読後の感想や意見を交換し，作品を深く読ん
だり，感動を共有したりする活動である。読書会をすることで，読書の感動
を共有し，一人では発見することのできなかった感動や思いにも触れること
ができるので，読書の価値を高め，読書がより有意義なものになる。
　全員が同じ本を読んで行う読書会は，順番に読む「輪読会形式」，一人の
人が読む「読み聞かせ形式」，指定された本を事前に読んで集まる「読後話
し合い形式」などがある。いずれも，司会者の進行にしたがって各自の感想
や意見を述べ合い，感動を共有し，一人読みでは発見できなかった解釈や異
なる視点での読みを広げることができる。
　本を決めないで行う読書会もある。これは各自読んできた本を持ちより，
それぞれ感想や意見を述べ合い，それに対して参加者が意見を述べ合う。こ
れによって幅広い作品に出会うことができ，選書の参考になる。
　授業の中での読書会は学級全員が参加する。国語の授業で行ったり，特別

活動の学級の時間に行ったりすることが多い。課外活動による読書会は，校内で有志の生徒や教職員が集まり校内読書会を開くことができる。合同読書会として，中学生と高校生との読書会，区市町村で企画されて継続的に行われている地域内の他校の生徒との読書会もある。読書会は工夫次第でさまざまな参加者や多様な形態で行うことができ，有意義な本との出会いの場になる。

　同じ本を多数用意することは校内の予算では難しい。全国学校図書館協議会の集団読書テキストシリーズは，安価で名作から現代の作品，さまざまな作家やグレードなど，幅広く用意されているので活用しやすい。また，公共図書館で読書会用の図書を所蔵し，必要冊数を貸出してくれるところもあるので，問い合わせてみるのもよい。

9　リテラチャーサークル

　リテラチャーサークルは1960年代から2000年代にアメリカで盛んになった読書指導方法である。同じ本を読んだ3人から5人が，読んで・書いて・話し合う活動である。それぞれ役割を決めて必要に応じてメモをしていく。
　以下のような役割がある。
①コネクター（思い出し係）つながりを見つけよう
　本と自分の間に，あるいはより広い世界との間につながりを見つける。
②クエスチョナー（質問係）疑問を上げてみよう
　登場人物についての疑問，表現についての疑問，起こったことについての疑問などを書き出す。
③リテラリー・ルミナリー（選び出し係）特別なところを取り上げよう
　印象に残った文章を紹介する。どうして取り上げたか，どこに感動したか，どういうところが面白いと思ったか，などを理由も述べる。
④イラストレーター（イラスト係）イメージを絵や図にしよう
　読みながら，心に浮かんだイメージを絵や図にする。
⑤ワードウィザード（ことば係）特別なことばを見つけよう

「特別な」ことばを見つける。新しいことば，ゆかいなことば，重要なことば，大切だなと思うことば，難しいことば，心に残ったことば　など

　各グループでは，話題にもとづきながら，メモしたことについて話し合う。参加者全員が話す機会をもつ。一冊の本でページを決め，少しずつ読み進めながら話し合いを繰り返す。リテラチャーサークルを行うことにより，一人では読み切れなかったページ数の多い本や難しい本を読み切ることができる。

10　紙芝居

　紙芝居は演劇などと同様，作品世界にいざなうので「演じる」という。
　紙芝居舞台が演者と聞き手を仕切る重要な役割を果たす。物語は作品の中で完結した構成のものと聞き手が参加するものとがある。紙芝居の場面転換は「ぬく」ことでできる。早くぬいたり，ゆっくりぬいたり，場面に対応しながらぬくことが重要である。
　必ず下読みをして，書いてある指示にしたがう。声の大きさ，速さなども作品に合わせて行い，作品世界に観客を引き込ませたい。紙芝居は人々を惹きつける魅力あるものである。紙芝居を小さな子どものものと決めつけないで，授業などでも幅広く活用していきたい。

11　読書集会

　読書集会は学年，学校全体で同じ本を楽しめる集会である。プログラムとしてクイズや新しく購入した本の紹介，読書標語を集め発表の場とすることなど多様なことが考えられる。「子ども読書の日（4月23日）」の活動の一環として，読書月間のイベントとしてなど，多様に取り組める。
　全校で取り組むためには，職員会議にかけ，年間計画に入れて学校全体の行事として行う。全職員の意識を育てることもできるので，読書活動の大切さを認識してもらうこともできる。児童生徒図書委員会主催で行ったり，読

書ボランティアの活動として行ったり，方法はさまざまである。

全校での読み聞かせは，本選びが重要である。小学校では１年生と６年生とで発達段階に差がある。１年生でもわかり，６年生でも楽しめる本を選ぶことが大切である。中学校では内容のある本が望まれる。学校図書館にある本から選び，個人でも手に取って読めるようにする。大型絵本は手作りの温かさがあるが，遠くからは見えにくい。全校集会などでは，プロジェクターを使って拡大した場面を前面に写すことも可能である。読み手は練習を積み，聞いている人にわかりやすく読む。

学校全体で読書活動ができる機会を大切にしたい。

12　読書郵便

読書の感動や感想を郵便で相手に伝える活動である。全校の読書活動として取り組むことができる。はがき形式で，備え付けの読書郵便ポストに投函し，それを図書委員などが配達する。往復郵便にすると返信がもらえる。

図書委員会の活動として年間を通して，または読書週間など一定の期間だけ行うこともある。同級生，上級生，下級生，教職員，家族宛など相手意識を持って取り組むので，心がこもった文面になる。今，どんな本を読んでいるか，相手にあった本のよさを伝えることで，読書が深いものになる。

13　POP と本の帯の作成

POP は書店などで見かける絵付き紹介カードである。帯は本の下に巻いてある内容紹介などが書かれている紙である。どちらも小学生から高校生，おとなまで楽しむことができる読書活動である。

POP は，はがき位の大きさで書くので読書郵便と間違えやすいが，読書郵便と違い，特定の人を対象に書くものではない。本のあらすじを書いたり，絵を描いたり，本の内容を紹介して，本に興味を持ってもらえるように書く。できたら，本とともに展示する。

　本の帯も本の内容をわかりやすく伝えることができる紹介方法である。書くスペースが細長く，絵は描きにくいが，工夫次第で楽しいものになる。本につけて展示したい。

　以上，子どもと本を結ぶための方法を紹介したが，今まで紹介した以外にも，ブックリストを作ること，本の展示・掲示物の工夫，本の福袋，読書通帳，などさまざまな方法がある。

（山田万紀恵）

〈注〉
（注1）齋藤孝『だれでも書ける最高の読書感想文』角川書店　2012年　p.211
（注2）知的書評合戦ビブリオバトル公式ウェブサイト「公式ルール」(http://www.bibliobattle.jp/koushiki-ruru [2019年7月15日現在参照可])

〈参考文献〉
・小林功『楽しい読み聞かせ（学校図書館入門シリーズ3）』全国学校図書館協議会　2006年
・代田知子『読み聞かせワクワクハンドブック』一声社　2001年
・村上淳子『本好きな子に育てる読書指導』全国学校図書館協議会　2004年
・全国学校図書館協議会編「考える読書」毎日新聞出版
・全国学校図書館協議会編『読書感想画の指導』全国学校図書館協議会　1991年
・長尾幸子『読書会をひらこう（学校図書館入門シリーズ6）』全国学校図書館協議会　2008年
・M・M・サルト著　宇野和美訳　カルメン・オンドサバル，新田恵子監修『読書へのアニマシオン』柏書房　2001年
・黒木秀子，鈴木淑博『子どもと楽しく遊ぼう　読書へのアニマシオン』学事出版　2004年

各教科等での読書指導・探究的な学習と読書指導

1　各教科等での読書指導

（1）各教科等での読書指導の必要性

　今日の学校教育界において，学校図書館で学習したり学校図書館メディアで調べたりすることの必要性は，理解されつつある。また，読書の必要性も周知されている。しかしながら，インターネット情報だけや見学や体験で得たことだけをまとめて，あたかも探究的な学習を行っているかのような授業も少なくない。年間に1つ2つの読書活動を行うことだけで読書指導に力を入れているとしている学校も存在する。また，「個人の自由な精神活動である読書に，指導は見合わない」「読書は，強制することではない」「読書は，学習ではない」などの発言も未だに耳にする。しかし学校教育法では「読書に親しませ，生活に必要な国語を正しく理解し，使用する基礎的な能力を養うこと」[注1]を義務教育の目標の1つにあげている。学校教育において，学校図書館の活用や読書指導は欠かすことができない。

　常に念頭に置きたいことは，学校図書館は「学校教育において欠くことのできない基礎的な設備である」ということと，「学校の教育課程の展開に寄与する」と「健全な教養を育成する」という2つの目的，「読書センター」「学習センター」「情報センター」の3つの機能である。

　一方，ほぼ10年ごとに改訂される学習指導要領では，1996年1997年告示の学習指導要領から「確かな学力」「豊かな人間性」「健康と体力」の3つの要素からなる「生きる力」の育成を掲げている。

　2008年1月の中央教育審議会答申では，学習指導要領の改訂における「教育内容に関する主な改善事項」を6点あげ，「言語活動の充実」をその第1にあげている。その他は，「理数教育の充実，伝統や文化に関する教育の充実，

道徳教育の充実，体験活動の充実，小学校段階における外国語活動」である。言語活動の充実では，各教科等における言語活動を行うに当たっての留意事項を３点あげた。第１は，教科書の工夫，第２は，読書活動の推進，第３は，学校図書館の活用や学校における言語環境の整備であった。そして，「言語に関する能力の育成に当たっては，辞書，新聞の活用や図書館の利用などについて指導し，子どもたちがこれらを通して更に情報を得，思考を深めることが重要である。また，様々なメディアの働きを理解し，適切に利用する能力を高めることも必要である」と続けている(注2)。

　この中央教育審議会の答申を受け，2008年2009年告示の学習指導要領では，「習得・活用・探究」をキーワードに授業改善が進められた。

　2016年12月の中央教育審議会答申では，読書活動についてより具体的な指摘がされている。

　　子供たちの読書活動についても，量的には改善傾向にあるものの，受け身の読書体験にとどまっており，著者の考えや情報を読み解きながら自分の考えを形成していくという，能動的な読書になっていないとの指摘もある。教科書の文章を読み解けていないとの調査結果もあるところであり，文章で表された情報を的確に理解し，自分の考えの形成に生かしていけるようにすることは喫緊の課題である。特に，小学校低学年における学力差はその後の学力差に大きく影響すると言われる中で，語彙の量と質の違いが学力差に大きく影響しているとの指摘もあり，言語能力の育成は前回改訂に引き続き課題となっている(注3)。

　2017年2018年告示の学習指導要領では，「生きる力」の育成を引き継ぎ，さらに1歩進んだ形で「主体的・対話的で深い学び」をキーワードに授業改善を求め，読書活動についての記述も注目に値する。

　総則では，「第3　教育課程の実施と学習評価」の「1　主体的・対話的で深い学びの実現に向けた授業改善」に読書活動と学校図書館活用が位置づけられている。

（2）第2の2の（1）に示す言語能力の育成を図るため，各学校において必要な言語環境を整えるとともに，国語科を要としつつ各教科等の特質に応じて，児童の言語活動を充実すること。あわせて，（7）に示すとおり読書活動を充実すること。
　（7）学校図書館を計画的に利用しその機能の活用を図り，児童の主体的・対話的で深い学びの実現に向けた授業改善に生かすとともに，児童の自主的，自発的な学習活動や読書活動を充実すること。また，地域の図書館や博物館，美術館，劇場，音楽堂等の施設の活用を積極的に図り，資料を活用した情報の収集や鑑賞等の学習活動を充実すること[注4]。

　学校図書館を，休み時間や放課後に進んで利用することは大切だが，教育課程内で各教科等の日々の学習に学校図書館を活用し，読書も指導することが，今日求められている教育のあり方と深く関わることを認識したい。
　以下，2017年2018年告示の学習指導要領における各教科等の学校図書館活用や読書指導を中心に取り上げる。

（2）国語科における読書指導

　「小学校学習指導要領（平成29年告示）解説　国語編」では，「読書指導の改善・充実」について述べている。

　（5）読書指導の改善・充実
　　中央教育審議会答申において，「読書は，国語科で育成を目指す資質・能力をより高める重要な活動の一つである。」とされたことを踏まえ，各学年において，国語科の学習が読書活動に結び付くよう〔知識及び技能〕に「読書」に関する指導事項を位置付けるとともに，「読むこと」の領域では，学校図書館などを利用して様々な本などから情報を得て活用する言語活動例を示した[注5]。

　今回の改訂では，各教科の目標および内容を「知識及び技能」「思考力，

図表9－1　2017年2018年改訂学習指導要領国語の学年目標より

学　年	学　年　目　標
小学校 第1学年及び第2学年	言葉がもつよさを感じるとともに、楽しんで読書をし、国語を大切にして、思いや考えを伝え合おうとする態度を養う。
小学校 第3学年及び第4学年	言葉がもつよさに気付くとともに、幅広く読書をし、国語を大切にして、思いや考えを伝え合おうとする態度を養う。
小学校 第5学年及び第6学年	言葉がもつよさを認識するとともに、進んで読書をし、国語の大切さを自覚して、思いや考えを伝え合おうとする態度を養う。
中学校　第1学年	言葉がもつ価値に気付くとともに、進んで読書をし、我が国の言語文化を大切にして、思いや考えを伝え合おうとする態度を養う。
中学校　第2学年	言葉がもつ価値を認識するとともに、読書を生活に役立て、我が国の言語文化を大切にして、思いや考えを伝え合おうとする態度を養う。
中学校　第3学年	言葉がもつ価値を認識するとともに、読書を通して自己を向上させ、我が国の言語文化に関わり、思いや考えを伝え合おうとする態度を養う。
高等学校　現代の国語	言葉がもつ価値への認識を深めるとともに、生涯にわたって読書に親しみ自己を向上させ、我が国の言語文化の担い手としての自覚をもち、言葉を通して他者や社会に関わろうとする態度を養う。
高等学校　言語文化	同上
高等学校　論理国語	同上
高等学校　文学国語	同上
高等学校　国語表現	同上
高等学校　古典探究	「読書」が「古典」と記述され、同文。

（下線は、小川）

判断力，表現力等」「学びに向かう力，人間性等」の三つの柱で再整理し^(注6)，「学びに向かう力，人間性等」に関する目標に読書が位置づけられている。

「読むこと」の言語活動例は，本書第Ⅰ章を参照されたい。図書資料の分類や配列，必要な情報の探し方，学校図書館メディアの検索の仕方，参考図書の使い方，探究的な学習でのテーマの決め方や情報記録カードの書き方，新聞・レポート・口頭発表などでのまとめ方など，情報活用能力を育成するための基礎となる学習を国語科で学び，各教科等で活用したい。

また，第Ⅲ章で述べたように，学校教育での読書指導が個人の読書生活をより豊かにする。

小学校では，担任による読み聞かせ，音読，活字に慣れることを学年の発達段階に合わせて意図的に行いたい。記号である文字を読んで，理解したりイメージ化したりできるようになるまでには，訓練が必要である。訓練により長文も読める力がつく。その訓練は，自ら読もうとする主体性が必要である。そのために，読書環境を整え，本との出会いの場を作り，読書の楽しさを伝え，読む時間を保証する。朝読書や図書館での読書などで自分の好きな本を読む時間でも，図鑑や絵探しの本などをながめるのではなく，絵本でもノンフィクションでも1冊読み切る力をつけることを目当てにしたい。

読書は，国語科の重要な指導事項である。同時に，「学校図書館＝本」でも「読書＝国語科」でもない。国語科を要としつつ各教科等でも読書指導を行うことが重要である。

（3）各教科等での読書指導

各教科等での読書指導は，次の4点が考えられる。
・探究的な学習で学校図書館資料を活用する
・学校図書館メディアを利用する
　　学校図書館で児童生徒が利用する
　　教員が授業で提示する
・学習の場として，学校図書館を活用する
　　学習センター・情報センター機能の充実

・単元に関係する読書の指導をする

　　関連する読み物を紹介するなど

①社会科・地理歴史・公民

　社会科・地理歴史・公民での資料活用は，大事な目標の１つである。学習指導要領では，小学校で「様々な資料や調査活動を通して情報を適切に調べまとめる技能」，中学校では，「調査や諸資料から様々な情報を効果的に調べまとめる技能」，高等学校では，地理歴史で「調査や諸資料から地理に関する様々な情報を適切かつ効果的に調べまとめる技能」，公民で「諸資料から様々な情報を適切かつ効果的に調べまとめる技能」を身につけることが目標にあげられている。

　中学校学習指導要領社会科では，「第３　指導計画の作成と内容の取扱い」に「情報の収集，処理や発表などに当たっては，学校図書館や地域の公共施設などを活用するとともに，コンピュータや情報通信ネットワークなどの情報手段を積極的に活用し，指導に生かすことで，生徒が主体的に調べ分かろうとして学習に取り組めるようにすること。その際，課題の追究や解決の見通しをもって生徒が主体的に情報手段を活用できるようにするとともに，情報モラルの指導にも留意すること」とあり，高等学校では同様の小学校では類似の記述がある。教材としてまとめられた資料集だけでなく，また，コンピュータ情報だけでなく，学校図書館の多様なメディアを活用するべき教科である。

　具体的には，小学校では地図帳や地球儀の活用，中学校では地図，年表，新聞，読み物，統計など，高等学校では地図，年表，統計，年鑑，白書，画像，新聞，読み物などが取り上げられている。

②総合的な学習の時間・総合的な探究の時間

　小学校，中学校の「総合的な学習の時間」，高等学校の「総合的な探究の時間」では，学校図書館活用が記述されているが，要注意なのは，探究の過程ではコンピュータの活用が中心となり，学校図書館が補助的な存在にしかならなくなると，本末転倒ではないかと考える。コンピュータ情報も学校図書館メ

ディアであり，多様な学校図書館メディアを効果的に活用することがここでも重要である。

小学校学習指導要領の総合的な学習の時間「第3　指導計画の作成と内容の取扱い」に次のようにあり，中学校，高等学校も同様に記されている。

2　第2の内容の取扱いについては，次の事項に配慮するものとする。
（3）探究的な学習の過程においては，コンピュータや情報通信ネットワークなどを適切かつ効果的に活用して，情報を収集・整理・発信するなどの学習活動が行われるよう工夫すること。（後半略）
（9）学校図書館の活用，他の学校との連携，公民館，図書館，博物館等の社会教育施設や社会教育関係団体等の各種団体との連携，地域の教材や学習環境の積極的な活用などの工夫を行うこと。

③美術・芸術・音楽
学習指導要領において，中学校の美術や高等学校の芸術科目の鑑賞で学校図書館活用が記述されている点は，注目すべきである。近年，小学校でも図工や音楽で，鑑賞ばかりでなく，作品制作のために調べる，童謡を調べる，音楽家や楽器について調べるなど，さまざまに学校図書館資料が活用されている。

中学校　美術	4　学校における鑑賞のための環境づくりをするに当たっては，次の事項に配慮するものとする。 （1）生徒が造形的な視点を豊かにもつことができるよう，生徒や学校の実態に応じて，学校図書館等における鑑賞用図書，映像資料等の活用を図ること。
高等学校　芸術 　　　　　音楽 　　　　　美術	2　内容の取扱いに当たっては，次の事項に配慮するものとする。 （1）内容の「A表現」及び「B鑑賞」の指導に当たっては，学校の実態に応じて学校図書館を活用すること。

④特別活動

　特別活動は，学校図書館がキャリア教育と結びつけて取り上げられている。小学校，中学校では，学級活動の内容に，高等学校ではホームルーム活動の内容の「（3）一人一人のキャリア形成と自己実現」に記述されている。学校図書館を活用した横断的な学習で，学び方を学ぶ学習を特別活動に位置づけて指導することは，児童生徒のキャリア形成に大きく関わることであると考える。もちろん，主体的な学級活動として，本を紹介する会やビブリオバトルなどを開催する，ペア読書など異学年や異なる集団で交流することなどは，引き続き力を入れたい。

小学校	ウ　主体的な学習態度の形成と学校図書館等の活用 　学ぶことの意義や現在及び将来の学習と自己実現とのつながりを考えたり，自主的に学習する場としての学校図書館等を活用したりしながら，学習の見通しを立て，振り返ること。
中学校	ア　社会生活，職業生活との接続を踏まえた主体的な学習態度の形成と学校図書館等の活用 現在及び将来の学習と自己実現とのつながりを考えたり，自主的に学習 する場としての学校図書館等を活用したりしながら，学ぶことと働くこと の意義を意識して学習の見通しを立て，振り返ること。
高等学校	イ 主体的な学習態度の確立と学校図書館等の活用 自主的に学習する場としての学校図書館等を活用し，自分にふさわしい学習方法や学習習慣を身に付けること。

⑤その他の教科

　学校図書館の活用は，各教科等において特に記述されていなくても，総則にあるからには，すべての教科で活用してほしい。授業計画を立てるとき，学習指導案を考えるときに，「学校図書館は，使えないだろうか」と思うことで，「主体的・対話的で深い学び」への授業改善になるはずである。

　例えば，算数で人口密度を学習したら，ファイル資料や図書資料を利用して自分たちが住んでいる自治体や外国の都市の人口密度を計算してみる。新聞・雑誌や図書資料から大きな数や概数を見つける。高等学校では，容易な

数学の専門書も活用したい。

　学習指導要領には，理科，生活，家庭科，体育，外国語活動・外国語・英語など，多くの教科でコンピュータや情報通信ネットワークなどの活用が記されているが，図書資料を含めて学校図書館資料を活用することが効果的であることを実践研究し，広めたい。

　小学校の理科では，「多面的に調べる活動」と表現されている。

　生活科では，見つけた生き物や草花の名前を図鑑で調べたり，生き物の飼育の仕方や花や野菜の栽培方法を自ら調べたり，発達段階に応じた児童書で調べることが大切だと考える。インターネット情報は，おとな向けの情報がほとんどである。興味をもった自然事象や身の回りのことをもっと詳しく知りたいと，学校図書館の科学絵本や容易な科学読み物に親しんでいる児童は，自ずと身の回りの事象や自然事象への気づきが豊かになるであろう。

　中学校，高等学校の保健体育では，内容に体育理論や課題の発見・解決がある。

　小学校の学校図書館には外国語の絵本や大型絵本を配架し，ネイティブスピーカーによる読み聞かせを楽しませたい。中学校や高等学校の学校図書館には，簡単な英文の読み物を充実させ，異文化理解のための資料も充実させたい。視聴覚資料を充実させると共に，多読のための資料も充実させたい。国際理解教育や日本語を母語としない児童生徒のために，多言語の絵本や読み物を所蔵している学校図書館もある。

（4）クラブ・委員会活動と読書

　学校図書館が活発に活用されている学校は，クラブ活動でも学校図書館を活用している。

　スポーツ系のクラブでは，練習方法やルールを調べる，手芸クラブや調理クラブは，手芸や調理の図書資料を見て，作りたい物を決める。科学クラブは，図書資料やインターネットで調べてやりたい実験などを決める。

　放送委員会は，行事を調べる。理科委員会は，校庭の植物を調べる，給食委員会は，食品や栄養について，保健委員会は，虫歯予防，風邪予防などを

調べる。図書委員会と生徒会との協力で読書習慣の取り組みを行っている中学校もある。高等学校では，文化祭での古本市も好評のようである。

　児童生徒が主体的に活動することにより，クラブ活動も委員会活動も盛り上がる。クラブ活動や委員会活動も学校図書館を活用し，本との出会いの場にもしたい。

図表9－2　図書委員会のおすすめの本の展示

2　探究的な学習と読書指導

（1）探究的な学習と総合的な学習の時間・総合的な探究の時間

　「小学校学習指導要領解説 総合的な学習の時間編」では，探究的な学習の過程を「総合的な学習の時間の本質と捉え，中心に据え」，「総合的な学習の時間における学習では，問題解決的な活動が発展的に繰り返されていく。これを探究的な学習と呼」ぶと，定義し，問題解決的な活動が発展的に繰り返されていく過程を螺旋図で著している[注7]。

図表9－3　探究的な学習における児童の学習の姿

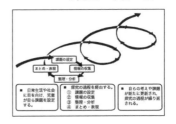

　さらに，具体的に児童の学習の姿を述べている。

　　児童は，①日常生活や社会に目を向けた時に湧き上がってくる疑問や関心に基づいて，自ら課題を見付け，②そこにある具体的な問題について情報を収集し，③その情報を整理・分析したり，知識や技能に結び付

けたり，考えを出し合ったりしながら問題の解決に取り組み，④明らか
になった考えや意見などをまとめ・表現し，そこからまた新たな課題を
見付け，更なる問題の解決を始めるといった学習活動を発展的に繰り返
していく。要するに探究的な学習とは，物事の本質を探って見極めよう
とする一連の知的営みのことである。

　中学校でも同様の記述があるが，高等学校では，「探究的」ではなく，「探
究」となっている。

（2）探究のプロセス

　教授型の一斉授業においても，「つかむ・調べる・まとめる」の３段階の
学習過程や，課題解決型の学習過程は行われていた。近年は，情報発信の重
要性に鑑み，「つかむ・調べる・まとめる・広げる」といった学習過程も広まっ
ている。
　学習指導要領では，「課題の設定・情報の収集・整理分析・まとめ表現」
の４段階の過程を示している。
　稲井達也の７段階[注8]，桑田てるみの「６ステップ９アクション」[注9]は，
課題設定までの段階を重視している点で注目したい。
　探究的な学習において陥りがちなのが，課題設定までの時間を十分に取ら
なかったり，教員が調べる課題を与えたりして，自らの課題になっていない
ことである。気づきを大切にし，興味や関心を高めたり大テーマについて調
べたり，課題設定は容易ではなくかつ重要である。片岡則夫は，生徒の卒業
研究の指導について「授業の始まりから提出まで，生徒はテーマを考え続け
ます。研究企画書を書いて面接をしてサインをもらったあとになっても，テー
マを絞ったり深めたり，振り出しに戻ったりと，研究の過程はそのまま，『テー
マを考える道のり』となるのです」と述べている[注10]。

　稲井達也の７段階
　第１段階　学習の動機付けを図る学習【出会う】

第2段階　基礎・基本の知識を習得する学習【知る】

第3段階　興味や関心を高め，知識を深める学習【高める・深める】

第4段階　課題を絞り込む学習【つかむ】

第5段階　情報を取捨選択し，活用する学習【生かす】

第6段階　情報を活用し，目的に合わせて加工する学習

【選ぶ・まとめる】

第7段階　情報を発信する学習【伝える】

桑田てるみの6プロセス9アクション

【6プロセス】	【9アクション】
1 決める	1．大テーマの下調べ　2．小テーマの選択
2 問う	3．問いの生成
3 集める	4．情報の収集
4 考える	5．情報の整理・分析　6．問いへの答え
5 創る	7．情報の表現・伝達
6 振り返る	8．探究の評価　　　9．新しい問いの発見

　テーマ設定では，「○○について」とするより疑問文で書いた方がより明確になるようだ。また，本を丸写しするようなテーマにならないようにすること，自分で調べられる難易度であることなども予め指導しておきたい。自由研究や卒業研究などでは，フィールドワークができるテーマであることも必要で，多様なメディアを活用させたい。

　情報の収集では，図書資料を中心に多様な学校図書館メディアを効果的に活用すること，複数の資料を比較したり評価したりして選択することなどを指導したい。参考図書の利用も指導し，図書資料も利用させたい。探究的な学習・探究学習では，何かを調べるために必要な部分だけを読んだり新聞や雑誌を読んだりする読書が中心となる。デジタル情報やインターネット情報も読書の1つとして，読解力が求められる時代である。収集した情報は，記

録カードに記入する。記録カードは，1件に1枚使い裏は使わない。見出し
をつけ，内容は，引用・要約・箇条書きなどにする。書誌事項・ページ・記
録年月日・資料リスト番号などを記す。

　まとめる段階では，調べてわかったことと自分の意見や考察を区別して表
現すること，引用や出典を明らかにし資料リストをつけることなどを指導す
る。集めた情報の中から利用する情報を取捨選択することも必要である。口
頭発表では，発表メモを書いて練習をし，メモを見ないで聴衆に向かって発
表すると聞き手にとって聞き易くわかり易い。

　学校司書や司書教諭の授業支援も重要である。指導内容については，全国
学校図書館協議会のウェブサイト「図書館に役立つ資料」から入手できる「情
報資源を活用する学びの指導体系表」[注11] が参考になる。

（小川三和子）

〈注〉
（注1）「学校教育法第21条五」
（注2）中央教育審議会「幼稚園，小学校，中学校，高等学校及び特別支援学
　　校の学習指導要領等の改善について（答申）」2008年1月　p.53-54（http://
　　www.mext.go.jp/b_menu/shingi/chukyo/chukyo0/toushin/__icsFiles/
　　afieldfile/2009/05/12/1216828_1.pdf［2019年6月16日現在参照可］）
（注3）中央教育審議会　「幼稚園，小学校，中学校，高等学校及び特別支援学校
　　の学習指導要領等の改善及び必要な方策等について（答申）」2016年12月　p.9
　　（http://www.mext.go.jp/b_menu/shingi/chukyo/chukyo0/toushin/__icsFiles/
　　afieldfile/2017/01/10/1380902_0.pdf［2019年6月16日現在参照可］）
（注4）文部科学省「小学校学習指導要領」2017年　p.22 -23（http://www.
　　mext.go.jp/component/a_menu/education/micro_detail/__icsFiles/afieldfi
　　le/2019/03/18/1413522_001.pdf［2019年6月16日現在参照可］）
　　中学校，高等学校，特別支援学校も同様の記述あり。
（注5）文部科学省「小学校学習指導要領解説国語編」第1章総説　2　国語科の
　　改訂の趣旨及び要点　2017年　p.10（http://www.mext.go.jp/component/a_
　　menu/education/micro_detail/__icsFiles/afieldfile/2019/03/18/1387017_002.pdf

［2019 年 6 月 23 日現在参照可］）

中学校，高等学校も同様の記述あり。

（注 6 ）文部科学省「幼稚園教育要領，小・中学校学習指導要領等の改訂のポイント」（http://www.mext.go.jp/component/a_menu/education/micro_detail/__icsFiles/afieldfile/2019/02/19/1384661_001.pdf［2019 年 6 月 24 日現在参照可］）「高等学校学習指導要領の改訂のポイント」も同様の記述あり。

（注 7 ）文部科学省「小学校学習指導要領解説 総合的な学習の時間編」2017 年 p. 9 （http://www.mext.go.jp/component/a_menu/education/micro_detail/__icsFiles/afieldfile/2019/03/18/1387017_013_1.pdf［2019 年 6 月 24 日現在参照可］）

（注 8 ）稲井達也『授業で活用する学校図書館　中学校・探究的な学習を目ざす実践事例 新しい教育をつくる司書教諭のしごと第Ⅱ期 3 』全国学校図書館協議会 2014 年　p.65-67

（注 9 ）桑田てるみ『思考を深める探究学習　アクティブ・ラーニングの視点で活用する学校図書館』全国学校図書館協議会　2016 年

（注 10）片岡則夫『なんでも「学べる学校図書館」をつくる　ブックカタログ＆データ集』少年写真新聞社　2013 年　p.136

（注 11）全国学校図書館協議会「情報資源を活用する学びの指導体系表」2019 年（http://www.j-sla.or.jp/pdfs/20190101manabinosidoutaikeihyou.pdf［2019 年　6 月 24 日現在参照可］）

第Ⅹ章　　**読書活動の実際（1）**

1　小学校での読書活動例

（1）小学校1・2年生

①入門期

　入学式当日，学校は楽しいところだと印象づけられるように，教室を飾り，新入生が教室で待機中も6年生や担当教員が読み聞かせや紙芝居で歓迎している光景がよく見られる。翌日からは，担任や1年生の世話をする6年生や図書委員，学校司書や司書教諭の読み聞かせも企画したい。小学校に入学し，文字を覚えても児童は読み聞かせが大好きである。

　読み聞かせを聞く並び方を決める，笑ったり思わずつぶやいたりするのはいいが，次のページをめくったら静かにして迷惑にならないようにすぐに聞く姿勢に戻るなど，約束を決めて，集団で話を聞く態度を身につける指導も行う。

　学校生活に慣れた4月下旬から5月上旬には，学校図書館の利用を始める。

　第1回目の学校図書館利用は，学校図書館での座席，学校司書の紹介，読み聞かせやお話を聞く時の並び方，絵本のある場所と絵本の並び方，本の借り方などを学習する。

　第2回目は，座席に荷物を置いて読み聞かせを聞いたあと，本の返し方を学ぶ。

　7月，一通りひらがなを覚え，教科書の音読もできるようになったところで，幼年童話を紹介する。

②1年生2学期以降

　小学校1・2年生の読書は，読書に親しみ，読書の楽しさを知ることが目標である。教室には，絵本や幼年童話をそろえ，読み聞かせで読書の楽しさ

を味わわせる。読み聞かせをした本の書名等を掲示していくと学級の読書記録となる。

さらに，ストーリーテリング，パネルシアター，エプロンシアターなど，児童と本を結びつける読書活動を積極的に計画する。その際，学校司書や司書教諭をはじめ，校内または地域の人材を活用することにより，担任以外のおとなの話も聞ける力が育つ。司書教諭は，これらの読書活動が円滑に行われるようにコーディネーターとして働く必要がある。

一般に「ナンセンスもの」と呼ばれる本も低学年には，しっかり読ませたい。架空の世界を十分に楽しみ，ファンタジーの世界へつなげたい。

図表 10 − 1　読み聞かせた本の掲示

図表 10 − 2　司書教諭によるお話会

③教科の学習で

　1年生2学期には，国語で自動車のつくりとはたらきについて調べ，簡単な説明文を書く学習があった。「じどう車ずかんをつくろう」という単元にして，教科書の説明文の学習と並行して自動車の本を見て，自分の調べたい自動車を決めた。資料は，学校司書が学校図書館や公共図書館の団体貸出で用意し，担任が目を通して学年貸出で利用した。幼児向けの図鑑や自動車の写真，自動車の模型などもこの時期の1年生にはよい資料となった。

　3学期には，動物の赤ちゃんの育ち方について調べた。1年生なりに，どうしてその動物の赤ちゃんを調べようと思ったのか課題設定の理由を簡単に書かせた。低学年では，調べてわかったことを自分の言葉で書き，直書きとし，清書はしていない。絵日記のような形式の絵カードにして，掲示することもあるが，「なぜそれを調べようと思ったのか」「調べてわかったこと」「調

べて思ったこと」をカードに書かせ，それらを大きな紙に貼って壁新聞にすることもある。

　図工の授業で，色画用紙でバッグを作り，貼り絵で模様を付けていたときのこと，「図書館から本を借りてきていいですか」と言う児童がいた。図書館で借りた本の花の写真を見ながら作った貼り絵は，とても見事な貼り絵になった。生活科で町巡りをして，テントウムシに出会った児童は，「テントウムシの本を借りてきていいですか」と言ってきた。学校図書館で調べることが，１年生なりに身についてきていると思った言動である。

　２年生の国語で「お手紙」（アーノルド・ローベル Arnold Lobel）の学習をしたときのこと，ブックトークにヒントを得て，本の紹介の会を行った。教科書教材と並行して，「手紙」「友だち」「カエル」「カタツムリ」の４つのテーマで集めた本を読み，その中から気に入った本を１冊選んで短時間で紹介する活動で，「面白かったところを伝える」学習に効果があった。２〜３人で１冊を紹介するのだが，テーマ毎にグループになり，グループ毎に続けて紹介する。一番伝えたい場面や内容を寸劇やペープサート劇，音読，紙芝居など表現方法を考えて紹介する。自分が紹介する本は１冊だが，聞いていると，ブックトークを聞いているようになった。

　生活科では，育てる野菜や草花を調べたり，ザリガニやダンゴムシなどの生き物を調べたりする。学校図書館には図鑑や科学絵本が豊富にあってほしい。

（2）小学校３・４年生

　小学校３年生から４年生にかけては，１冊の本を読み通す力をつけることが重要で，一人ひとりの読む力や好みを把握し，個に応じておすすめの本を紹介したり10分から15分ぐらいの一定の時間に集中して黙読させたりして文章を読む力をつけ，読書習慣を定着させる。４年生の３学期頃には，児童文学１冊を読み通す力をつけたい。

　そのためには，３年生で読書に親しませ，読書の幅を広げていく指導が重要であると考える。まず，ストーリー性のある絵本を落ち着いて読めるよう

にしたい。単純なストーリーで理解しやすく，夢中になって読めるような物語と出会わせ，少し小さい文字の本も読めるようにさせたい。学校図書館には，低学年から中学年の読書への「橋渡し」となるような図書を何種類かそろえたい。

図表10−3　集中して黙読する

　3・4年生は，参考図書の利用の仕方や本を用いた調べ方など，探究的な学習の基礎的な学習方法を学ぶ時期でもある。学校の年間計画をもとに，学習指導計画に学校図書館活用をしっかり入れるべきである。

（3）小学校5・6年生

　高学年になると，国語で意見文を書く学習もあり，読書で考えたことを文章で表現する活動を取り入れていきたい。読書力のある児童は，ヤングアダルトやおとな向けの本も読むようになる。この時期に意図的な指導がないと，読書傾向が偏ったりライトノベルばかり読んだり，読書から離れてしまったりする。学校教育における読書は，指

図表10−4　ブックトークを聞く

導内容であることを教員が理解し，学校図書館を意図的に利用させ，学校図書館での図書の貸出返却の時間を確保することが求められる。この時期の児童には，本の紹介やブックトークなど，本との出会いを大切にし，読書の楽しさはもちろんのこと成長の糧になるような読書をする充実感も体験させたい。さまざまな形の読書会を計画し，感想を述べ合ったり交流したり批評し合ったりして，集団で読みを深めることも計画したい。

　各教科等での読書指導では，複数の資料で調べ，比較したり評価したり取

捨選択したりする力をつけたい。メディアの特性を生かして効果的に活用できるように学習計画を立て，引用や著作権についても指導する。新聞も意図的に読ませたい。

（4）図書委員会の活動

図書委員会は，当番活動も大事であるが，児童の創意工夫ある読書活動を行うことも大切だ。異動したての頃は，「こんな活動もある，あんな活動もある」と例示したり「こんな活動をしたい」と教員から提案し

図表 10 － 5　図書委員会作成のポップ

たりした。図書委員会が楽しい読書活動を行うようになると，「○○をしたくて図書委員に立候補しました。」と，委員会活動に具体的にやりたいことのイメージを持って自ら立候補してくるようになった。中でも図書委員会主催の集会活動は，児童集会の担当者協力のもとに計画し，劇，ペープサート劇，朗読劇，クイズ大会，大型紙芝居作り，読み聞かせなど毎年創意ある集会になった。そのほか，本の並び方の説明，学校図書館紹介のビデオ作成や放送でのクイズや朗読なども行った。本の紹介コーナーやポップ作りも好評である。図書館のキャラクター募集や本の帯コンクールなども楽しい。担当教員や学校司書は，委員会活動例を多く知り，引き出しをたくさん持っていることが強みになる。

（5）全校での読書活動

読書活動は学級単位だけでなく，学年や全校でも取り組める。4 月 23 日の「子ども読書の日」にちなんだ活動や 11 月の読書月間の行事などは全校児童で取り組みやすい。4 月は教師が一年の初めとして忙しい時期なので，「子ども読書の日」にちなんだ行事はボランティアに助けてもらい取り組んだ。1 校は学校全体での読書集会，別な学校では全学級に読み聞かせを行った。全職員に「子ども読書の日」を知ってもらうよい機会になった。

図表 10 － 6　異学年での
ペア読書

図表 10 － 7　読書郵便

読書週間にちなんだ 10 月 11 月は，全校で読書月間（読書旬間，読書週間）に取り組む。読書週間は，6 月頃や 3 学期にも行う学校がある。

発達段階に合わせ本を 1 冊読んだら読書の木に葉を 1 枚貼る「読書の木」，読書月間中に読む本の冊数を決め賞状を出す，ボランティアの読み聞かせの回数や場を増やす，図書委員会主催の読書集会や読書標語の募集，全教職員のおすすめの本を掲示，教職員による校内放送など，さまざまな取り組みで学校全体を盛り上げることができる。

ペア読書や読書郵便もよく行われる読書活動で，異学年交流活動として行うことが多い。ペア読書は，上学年の児童が選んだ本を下学年の児童に読み聞かせる活動である。読書郵便は，相手を決めて手製のはがきや手紙で本の紹介をする活動である。隣接学年で行うと，お互いに紹介し合った本を読み合い，読書の幅が広がる。

「読書ビンゴ」は，読書の幅を広げるのに効果がある。「ビンゴゲーム」のような 9 マスのそれぞれに，どんな本を読むか，「科学読み物」「寺村輝夫の本」など課題を記し，課題に合う本を読んだら書名や書誌事項をマスの中に書く。縦・横・斜めどれか一列そろったら例えばしおりがもらえたり，全部埋めたら賞状がもらえたり，小さな景品をつけると意欲が高まる。

図表 10 － 8　読書ビンゴの用紙

昔話	国語の教科書に出てくる本	913の本
★★★	★★★	★★★
絵本	読みたい本	寺村輝夫さんの本
★★★	★★★	★★★
虫や動物の本	外国のお話	友だちのおすすめの本
★★★	★★★	★★★

読書活動は，ねらいをもって計画したい。

（小川三和子）

2 中学校での読書活動例

　中学校では，多くの読書活動をしっかり時間を取って行うことはなかなかできない。しかし，工夫次第で，隙間の時間を使ってできることがある。

（1）部活動紹介新聞

　入学して，所属する部活動が決まったころに行うとよい。自分が所属する部活動に関する項目を，学校図書館の資料を利用して調べる。活用する資料は，国語辞典・漢和辞典・百科事典・関連資料とする。小学校で利用法を学んできた学校図書館資料が，中学校の図書館のどこにあるのかを確認することになる。また，インターネットでの調査を入れることも可能である。

①活動時間　１時間
②用意するもの　学校図書館資料（国語辞典・漢和辞典・百科事典・関連資料），
　　　　　　　　ワークシート
③方法

　ワークシートに沿って，資料を活用しながら各種の部活動についてそれぞれ調べる。

＊清書は，休み時間などを利用して各自で行い，仕上げる。

　完成したものは，廊下などに掲示する。

図表 10 － 9　完成品

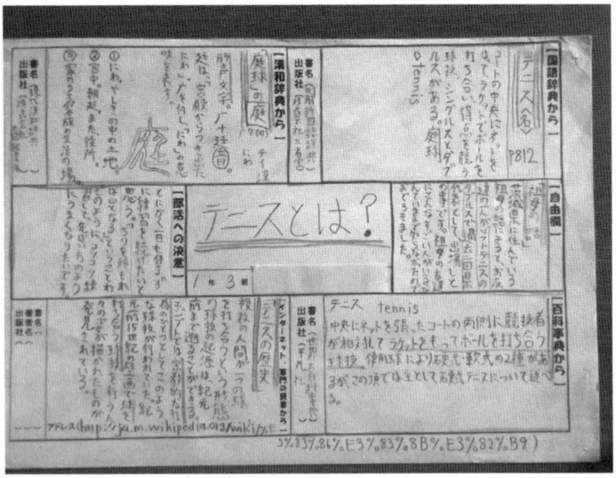

（2）トークの会

　自分が読んだ本を, 熱く語る会。4人グループで行う。本人も熱く語るが, 他の人からの質問や意見交換なども行う。

　あらかじめ話す項目や内容を決めて発表メモを書く。発表メモは, メモとして記入するものなので, どのように話すかは本人次第である。時間は特に決めないが, 1人5分くらい語る。そのあと, 意見交換と感想記入の時間を10分程度とる。4人グループで, ちょうど1時間程度になる。

①活動時間　2時間
②用意するもの　本, ワークシート（2種類）
③方法
　【第1時】自分が読んだ本の紹介をワークシートに記入し, 語るための練習をする。
　【第2時】4人グループで, 本を手に持って, 熱く語る。
　　　　　　一人終了ごとに, 意見交換を行い, 感想を記入する。

図表10－10　ワークシート①

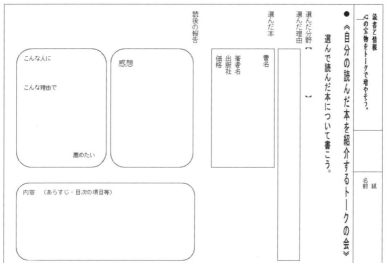

131

図表 10 − 11　ワークシート②

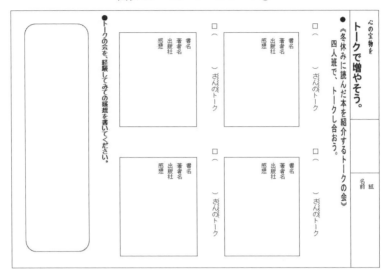

心の宝物を
トークで増やそう。

● 《冬休みに読んだ本を紹介するトークの会》
四人班で、トークし合おう。

組　名前

（　）さんのトーク
書名
著者名
出版社
感想

□（　）さんのトーク
書名
著者名
出版社
感想

（　）さんのトーク
書名
著者名
出版社
感想

□（　）さんのトーク
書名
著者名
出版社
感想

● トークの会を、経験してみての感想を書いてください。

（3）本の帯作り

　読んだ本の中からおすすめの本を，キャッチコピーを作って紹介する。

キャッチコピーだけでは紹介しきれないこともあるので，紹介文も入れて，本の帯として作成する。実際に本にかけるので，自校の図書館の本を読んで紹介することにつながる。

①活動時間　2～3時間

②用意するもの　紹介する本，色鉛筆など彩色のための用具，本の帯にする用紙（厚みの薄い画用紙）

③方法

　【第1時】読んだ本を紹介するための内容を検討する。下書きに1時間かけると丁寧である。

　【第2時】帯にする用紙に，清書する。彩色など工夫する。

図表 10 − 12　本の帯

　　　　完成品は，本に巻いて図書館内や廊下などに掲示する。

（4）本の紹介カード

　読んだ本の中からおすすめの本を，カード形式にして紹介する。書名・著者名・出版社名など基本的な書誌事項は必ず書く。紹介カードの作成は，授業に限らず「本の木を紅葉させよう」など，日常のさまざまな場面で使える。
①活動時間　　2～3時間
②用意するもの　紹介する本，用紙（はがき大やA5判，花の形，葉っぱの
　　　　　　　　　形），色鉛筆など彩色のための用具
③方法
　【第1時】読んだ本を持参し，紹介する内容を検討する。
　　　　　　（下書きに1時間かけると丁寧）
　【第2時】はがき大やA5版の用紙を用意し，清書する。
　　　　　　完成品は，班で交流し廊下などに掲示する。学校図書館や図書
　　　　　館の近くに飾ると効果的である。

図表 10 － 13　本の紹介カード

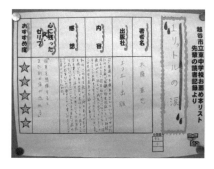

図表 10 － 14　本の木を紅葉させよう

（5）読書マラソン

　読書週間の期間を利用して全校で取り組む。
　期間を決めて，各自の目標ページ（フルマラソン 4,000 ページ，ハーフマ

ラソン 2,000 ページ，ビギナーコース 1,000 ページ）を設定し，朝読書や休み時間，自宅での時間などに読んだ本のページを記録していく。

　図書委員会などの活動として，読書マラソンキャンペーンを行うとよい。期間終了後，集計しそれぞれのコースでの達成者に賞状を出したり，家庭科部手作りのブックカバーをプレゼントしたりする。美術部手作りのしおりなど，景品は部活動と連携するのもよい。

（6）しおり作成

　読者同士が本を介してつながれる方法である。題して，しおりリレー。

　感想を書いたしおりをその本に挟む。挟んだしおりを読んだ次の読者が，自分の感想を書きさらに挟む。しおりの数が増えるので，挟みきれなくなったら，別置する。

図表 10 － 15　　しおりリレーのしおり

（7）読み聞かせ

図表 10 － 16　　子ども読書の日の読み聞かせ風景

　赤ちゃんから高齢者まで，さまざまな場面で行われるようになった読み聞かせは，中学生ももちろん好きだ。4 月 23 日の子ども読書の日に合わせて，教室で担任が行う。学期の終わりに図書委員がクラスに行う。授業中に，班の仲間に行う。図書館で，自由に行う。小学校に赴いて行う。

　中学校でもさまざまな場面で読み聞かせを行いたい。

（8）同じ本を読んだ人へ読書郵便

　読書郵便の手法を取り入れた活動であるが，同じ本を読んだ人へ手紙を書く活動である。

　下のような用紙を用意する。読書郵便がおすすめの本を紹介するのに対し，この活動は，同じ本を読んだ者同士の感想の交流ができる。

　校内でも行えるが，他校との交流にも活用できる。

```
┌─────────────────────┐   ┌─────────────────────┐
│ 森絵都さんのカラフルを読ん │   │                さんへ │
│ だあなたへ          │   │ ─────────────── │
│ ─────────────── │   │ ─────────────── │
│ ─────────────── │   │ ─────────────── │
│ ─────────────── │   │ ─────────────── │
│ ─────────────── │   │ ─────────────── │
│ あなたはどう思いますか。  │   │ ─────────────── │
│ お返事お待ちしています。  │   │ ─────────────── │
│                │   │ ─────────────── │
│    中     女子・男子 │   │    中     女子・男子 │
└─────────────────────┘   └─────────────────────┘
```

（9）全校参加のおすすめ本紹介カード

　校長も参加して，文化祭の図書委員会で取り組んだ。

　全員に名刺大の紙を配付する。夏休みやそれ以前に読んだ本の紹介カードを作る。体育館に掲示して，文化祭当日，全生徒の紹介カードが見られるようにする。

　終了後，学年の廊下などに掲示する。内容は，書名，著者名，出版社名，価格，おすすめのポイント，イラストなどで，彩色するとよりよい。

（10）はがき新聞

　読書の世界を広げるために，古典や近代文学の作品をじっくり読み，紹介のはがき新聞を作成する。作成したものを，実物投影機で映し出し，発表会をする。

図表 10 － 17　掲示されたはがき新聞　　　図表 10 － 18　おいしい読書

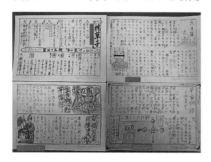

（11）おいしい読書

　教科書教材である。空き箱（お菓子の箱）を本に見立てて，おすすめの本を紹介する。

　キャッチコピーや紹介文を考え，４面をデザインする。書名，著者名，出版社名などの書誌事項を盛り込んで，画用紙などを使い，箱を美しく仕上げていく。

　教室で実物投影機による発表会をした後，学校図書館に展示する。

（12）いつもと違う読書をしようキャンペーン

　読書の傾向は，一人ひとり違うため，さまざまなジャンルの本に挑戦させる企画である。

　校内の教員にインタビューをして，尊敬する人（偉人や歴史上の人物）やその人に関係することを取材する。取材にもとづいて，関連する本を探す。その本を読んで，本を紹介する文章を書いたり，カードを作ったりして，インタビューに協力してくださった教員にプレゼントする。

　可能なら，紹介した本を読んでもらい，感想を交流できるとさらに深い読みにつながる。

（小日向輝代）

第XI章　読書活動の実際（2）

1　高等学校での読書活動例

（1）高等学校での読書活動

　高校生は，おとなや世間が思っている以上にさまざまの能力も活動力もある。指導というより，高校生から学ぶことも多い。高校生たちとの協働で，学校図書館活動は，もっと豊かになる。そして学校図書館は，文化の発信場所にもなるのである。

　学校図書館は「学び方を学ぶ」場所でもある。学び方は多種多様である。アクティブに動けばそれでいいわけではない。従来から行われていたさまざまな学校図書館活動の中には多くの示唆がある。最初はまねでもいいので，独自のアイデアで何でもやってみるといい。言葉に踊らされることなく，生徒を信じ，ともに読書推進の活動をする中に，「主体的・対話的で深い学び」はおのずと見えてくるであろう。

　学校や生徒の実態に合わせ，今，学び方のさまざまな工夫が求められている。

（2）授業で

①1分間スピーチ

　自分の日ごろの思いやできごと，読書をふまえての考えをクラスメイトの前で語るのが目的である。これを読書だけに限れば，ブックレビューやブックトークなどになるが，テーマを自由にする中に「読書」を入れると，気軽に実践しやすく，生徒も話しやすくなる。教員側がいくつか例を示したり，日頃から本の話をしたりしていると，結構本の紹介もするものだ。

　授業以外でも，HR，朝の会，終わりの会などでも簡単にできる。

②ブックレビュー

　読書のすすめは，ただ「本を読みましょう」の掛け声でだけではだめで，具体的な本があることによって初めて成り立つ。あの本が面白そうだな，読んでみようかなという気持ちを持たせることが大切だ。

　読書会やブックトークがたびたびできればいいのだが，時間もあまり取れない中，各教科・各教員が，授業の中で授業そのものに関連づけて，もしくは雑談的に２，３分でも本の話をすれば，読書へのきっかけ作りとして大変有効である。並行読書も推奨されている。

　教員や友人からの読書のすすめは，読書の大きなきっかけになる。

③読書ノート

　本は読みっぱなしでもいいが，書き残しておくとよい思い出，記録となる。自分の人間形成記録でもあり，次への発展の手がかりともなる。教員にとっても生徒の読書傾向がわかり，対話も生まれる。記録することが読書習慣の育成にもつながっていく。

　ノートの項目は，学校の実態に合わせて工夫すればよいが，概して項目が多いのは生徒の負担が大きい。感想を書かせると「面白かった」とか「ためになった」とかで終わりがちである。書名，著者，出版者，そして読了にかけた時間など，記録ということに主眼を置いたものにすると長続きする。書かせるなら，「印象に残った文」の書き抜きくらいがよい。

　読書通帳が人気であるのは，読むと貯金のように冊数がたまっていくことにあるだろう。

④社説（コラム）ノート

　新聞も読書の大きな１つのジャンルである。日常的に新聞を読むことにより，時代や社会に関心を持ち，自分の考えを持つようになり，次の読書につながる。構成や要約の力をつけるなど，勉学の力もつけられる。毎日でもできるし，週末の課題や長期休暇中の課題（家庭学習）として行うこともできる。１回３０分くらいでできる活動である。

　一番簡単なのは，視写することである。漢字や語句を調べたり，要約や感想や意見文などを書いたりもする。学習の範囲や，学習時期，時間は生徒の

状況に合わせる。

（3）図書委員会

①読み聞かせ

　高校生になると，おとなとして幼児や小学生に接することができるようになる。その子どもたちに心をこめて本を読んであげることにより，楽しい時間を共有しながら（絵）本の魅力を再発見できる。幼児たちの笑いや拍手は中学生，高校生にとってはよい経験で，大きな励みになる。幼児たちにとってもお兄さん，お姉さんと接することができるのは大変うれしいことだ。

　最近は小学校や地域のイベントに参加する姿もあちこちで見られるようになり，絵本や紙芝居や人形劇などに発展することもある。異年齢交流や地域での交流も生まれ，読書への関心も高まる。

　興味・関心を持つ「主体的な学び」につながると同時に，子ども同士の協働，地域の人との対話など，楽しい「対話的な学び」となる。また，作品選びや表現の仕方などを工夫することで，一人で読書をするよりも，より深く考えるようになる。

②読書会

　ずいぶん前から多くの学校で取り組まれてきた活動である。

図表11-1　高校図書館に小学生を招いて

図表11-2　公民館での読み聞かせ

図表11-3　図書委員会主催の読書会

学級や図書委員会全員で同じ本を読み，テーマを決めてグループで話し合って発表する形をとることが多い。人数分の本をそろえるのも大変なので，全国学校図書館協議会が発行している集団読書用のテキストや，公立図書館が用意する学校貸出用の資料を使用しているところもある。

　最近はビブリオバトルやリテラチャーサークルなどさまざまな方法が提唱されている。リテラチャーサークルというのは，疑問を発表する「質問屋」，体験と結びつける「つなぎ屋」，イメージを絵にする「イラストレーター」，優れた表現を見つける「名場面捜査隊」など役割を決めて発表し多面的に本を読もうとするものだ。分担を決めることで複合的な視点から話がはずむし，傍観者が出ることもない（第Ⅷ章参照）。

　一人読書とはまた違った楽しみがある集団読書・読書会は，自分とは違った視点や感性が感じられ，共感の輪が広がったり読みが深まったりする，アクティブ・ラーニング的な活動といえる。

　読書会にはさまざまなやり方があるので，いくつか型を知っておき，条件に合わせて工夫すればよい。

③作家への手紙

　中高校生になると，作品だけでなく作家への興味もわき，好きな作家の本を続けて読んでいくようにもなってくる。作家との接触は生徒たちにとって大きな読書意欲の喚起につながる。

図表11－4　作家にあてた寄せ書き

　これは，生徒の思いを伝え，作家からの直接のメッセージをいただこうとする試みである。手紙や色紙に思いが伝わるように心をこめて書いて送る。上手くいくと返事がもらえたり，学校に来ていただけたりする。

　文部科学省や新聞社，出版社も子どもへの読書意欲の向上を目指して，人気の作家を学校に招き授業や講演会などの企画を行っている。代表的なものとして，朝日

新聞社主催，出版文化産業振興財団の協力による「オーサー・ビジット」がある。各学校の授業やグループ単位で応募し，作家を学校に招いて授業を受けることができる。講師料，旅費などは，新聞社の負担であるので経費は，かからない。人気の作家の授業を受けられるなどめったにあることではなく，生徒の読書への関心もぐっと深まるというものである。

④新聞応募

　「オーサー・ビジット」だけでなく，各種の新聞社の読書関係機関がさまざまな企画をしているので，その企画に応募するのもよい。少人数短時間でできるものから，時間をかけてじっくり取り組むものまでいろいろあるので上手に付き合いたい。

　校外との連携の中で，マスコミ関係はより広いつながりが持て，予算的にも大きな援助が得られてありがたい。生徒も，新聞に自分たちの活動が掲載されたり，著名人が学校を訪れてくれたりしてうれしい。「教育に新聞を」（NIE：Newspaper in Education）というより「新聞に教育（学校・生徒を）」ということで，高校生の活動が一般の人にも知られることもうれしいことである。

⑤講演会

　図書委員会が校内で文化講演会を主催する。講演会自体は1時間くらいを目安にする。

　これは，学校行事の中での外部の識者や著名な方を呼ぶ講演会ではなく，身近な校内の教員に話してもらおうというものだ。教員は自分の教科以外にも研究・研修・趣味など文化的なバックボーンをいっぱい持っている。身近な教員の深い知識・教養・体験を直接聞くことによって，高校生たちの興味関心へとつながり，学ぶ意欲がわき，主体的な読書につながっていく。

　校内の文化活動の一つとして，図書委員が自分たちで講演会を企画し実施する

図表11－5　図書委員会主催の校内講演会

中で，生徒の思いに近く親しみ深い講演会になる。また，校内の教員を学校図書館に取り込んでいくいい機会にもなる。近隣の地域でも，さまざまなテーマで生徒に語りかけることのできる経験豊富で学識の豊かな人材が大勢いる。校内外の人材や教員とのコミュニケーションも深まるだろう。

⑥文学散歩

　「文学散歩」とは，作品の舞台，ゆかりの地を訪ねて歩くことである。実際に作品の舞台に立ってみると，読書で想像していた以上の臨場感の中，その場の空気全体から作品に浸ることができる。作品とあまり変化のない場所は言うに及ばず，全く変わってしまっている所もかえってさまざまなことが想像されて興味がわく。作家の息遣いを感じたり，主人公の気分になったり，文学散歩は，読書への誘い，発展として大変楽しいものであるし，地元を知るよい機会にもなる。

⑦展示（POP 作り・帯作り）

　図書委員会の広報活動の１つとして，展示がある。本の紹介，行事の案内・報告，校外の文化案内や新聞の掲示などさまざまな展示を，学校図書館担当職員だけでなく生徒といっしょに行うと，興味関心だけでなく図書委員としての責任感も深まる。学校図書館内のディスプレイをいろいろ考え，生徒の感覚を生かし，学校図書館をより身近なものにできる。生徒の視点で展示することで，友だちを呼びこむ効果もある。

　POP を作ったり，帯を作ったりすることは，本を理解することにもつながるし，おとなより生徒の方がセンスがあったりもする。昼休みや放課後など適宜に短時間でできる活動であり，この分野は生徒の力の発揮場所でもある。

　校内展示だけでなく，公民館や公共図書館にも展示を広げていくと，広がりやつながりが生まれる。

図表 11 － 6　県立図書館ティーンズコーナーでの展示

⑧冊子作り

　日常の活動や文化祭などでの企画展示を，記録保管しているところは多い。記録を残して次回の活動に生かすこともさることながら，冊子を作って残すと，行事が終わっても活用できる財産になり，広報活動にもつながる。

　本のリスト作り，表紙や前書きやレイアウトなどの話し合い，作品紹介など，さまざまな段階を重ねて主体的な活動がなされていく。反響が出るとうれしく，生徒の充実感や達成感も得られる。時間はかかるが，ある意味，高校生の出版活動でもあり，高校生の力の見せ所でもある。

　岡山県立岡山芳泉高等学校の例

　『高校生の僕たち☆私たちが主人公』（高校生が主人公の本を50冊選び，作品の紹介とおすすめを書く）

　『これぞ岡山人の本』（岡山出身の現代作家50人の本を選び，図書委員が紹介文を書く）

　『青春はここで探せ！』（高校時代に読んでおきたい本50冊を選び，図書委員が紹介）

図表 11 － 7　『青春はここで探せ！』

⑨ブックハンティング

　本の購入に生徒の意見も盛り込む一手段である。実際に書店に足を運び，おとな目線だけでなく，利用者である生徒自身が自分たち，友人たちの読みたい本を探して購入する。

　生徒の選書を心配に思う人もいるが，生徒もそれなりの責任を持って臨むので，生徒の選書力を信じたいところだ。そのまま購入することもあれば，前向きな形で選書の参考にすることもある。

　利用者のニーズを把握することもできるし，生徒自身も学校図書館運営に主体的に臨めるようになる。

（4）学校生活全般

①小論文指導

　「小論文」とは大学入試の一形態である。文章を読ませたあと，自分の考えを書かせるものが多い。そこで，入試対策としての読書指導や表現指導が要求されている。しかしそれは，当然，読書などが先にあってその結果としての入試だろう。

　小論文（入試）対策に読書は欠かせない。自分が進もうとする専門分野はもちろんのこと，多様な問いが出題されるので，各テーマについての知識や広い教養，深い思索が求められるからだ。教科を越えて学び，サポートできる場が学校図書館である。将来を真剣に考えている生徒とテーマについて，本について語り合い，考えを深めていくことは楽しい。

　小論文指導も大切な読書指導の１つである。

②ビブリオバトル

　学校内外を問わず，今ビブリオバトルが急速に広がっている。ルールなどについては第Ⅷ章で説明しているとおりだが，校内でもいろいろな場面で展開できる。

ア　授業で

　本の紹介やスピーチ力向上のために，国語科を中心に行う。社会的関心を高めるために，本の代わりに新聞で行っているところもある。英語科では，英語を使ってビブリオバトルを行う。本は日本語のものであったり，英語の本であったりもする。

　評価もしなくてはならないが，単純にチャンプ本獲得者を評価するということはしない方がよい。自分の思いを伝えられたか，他者の発表を真剣に聞いたか，楽しく参加できたかなどを考えたい。

イ　ホームルームで

　ビブリオバトルはコミュニケーションゲームでもあるので，学級開きなどにも適している。こんな本の，こんなところが好きな人ということで，人物理解にもなる。本を介することで話も弾んでくる。

ウ　図書委員会で

　図書委員や呼び掛けに応じた生徒，学校図書館担当教員，学校司書などで，定期的に行えば，学校図書館や本のアピールにもなる。

エ　全校集会で

　校長や教員が，全校生徒（学年団）の前で行うのも面白い。教員への親しみも増し，本への興味関心もわく。

　クラスで行ったあと，クラスの代表者の決戦を行うと，大いに盛り上がる楽しい行事ともなる。

③ブックトーク

　学校図書館は，学びのための資料の宝庫だが，使われなければ意味がない。資料（本）と生徒たちを結びつけ，興味・関心を喚起する方法として「ブックトーク」は従来から行われていた。これはあるテーマに沿って数冊の本を選び，つながりを考えながら紹介するものだ。高校では少ない活動かもしれないが，「創意工夫を生かした特色ある教育活動」の展開が期待される中，もっと取り入れられていい。

図表11−8　中学生へのブックトーク（オープンスクールにて）

　ブックトークで多様な本に気づくことは，読書の幅を広げて，さらに深く学んだり，考えたりするきっかけとなる。生徒自身が行うと，興味関心を持つことを自らが吟味するため，自分の再発見にもなる。具体的な場面としては以下のようなものがある。

ア　授業で

　各単元の最初に行うと，これから学ぶテーマへの興味関心を喚起できる。単元の終わりに行うと，発展的な読書へとつながっていく。授業と並行して読書に親しむ生徒もいることだろう。

イ　総合的な探究の時間で

　「横断的・総合的な学習」を取り扱うので，さまざまな分野の本を集めて

いる学校図書館の本の中から，幅広い本の紹介をすることができる。「学校図書館の活用などの工夫を行うこと」は，学習指導要領にも書かれていることである。

図表11－9　文化祭での生徒によるブックトーク

ウ　図書館オリエンテーションで

　図書館の概要や利用の指導を行うだけではなく，時間があればブックトークを取り入れると楽しくなり，続けて学校図書館を利用しようというきっかけづくりにもなる。

エ　図書委員会活動で

　生徒が行う活動として，文化祭などでも取り入れることができる。生徒は語りたいものをたくさん胸に秘めている。発表の場を作ると生き生きと語り始める。

オ　学校行事やイベントで

　例えば「防災」「修学旅行」「文化祭」など，校内の各部署での講習会や説明会などで関連した本の紹介をすると，内容が深まる。学級内でも全校生徒対象でも行うことができる。時間がない時は，ブックトークの内容を一覧表にして配布したり，展示に変える。

　実際に行う担当は学校司書，司書教諭，担任，生徒，だれでもよいが，原案作りには学校図書館が積極的に関わりたい。また，学校司書が各授業と関わり，もっとブックトークを取り入れて教室（授業）内に入ってもいい。

（高見京子）

〈参考文献〉
・高見京子『はじめよう学校図書館9　読書イベントアイデア集〈中・高校生編〉』全国学校図書館協議会　2014年

2　特別支援学校での読書活動例

（1）特別支援学校での読書活動

　「特別支援学校」は小学校・中学校・高等学校と同じように学校教育法が定める学校の１つである。小学部・中学部までは，義務教育にあたり，高等部へ進学する場合は，受験をして入学をする。未だに，「施設」だと思っている方も少なくない。「土日は休業日です」というと，驚く方もいる。

　特別支援学校は，障害の特性に応じて種別に分かれ，障害の特性に応じた教育を行っている。そのため，読書活動，学校図書館へのニーズは障害に応じてさまざまである。

　東京都の都立特別支援学校は，障害種別に以下のように分かれて設置されている。

　　視覚障害特別支援学校（盲学校）

　　聴覚障害特別支援学校（ろう学校）

　　肢体不自由特別支援学校

　　知的障害特別支援学校

　　病弱特別支援学校

都内には，他に区立特別支援学校５校，国立３校，私立４校がある。また，小学校・中学校には特別支援学級が設置されている。

　すべての児童生徒の身近に本があり，ことばとともに生活する環境を設定するためにも，特別支援学校にこそ特性に応じた読書活動が必要であると本校の実践を通じて感じている。

　各自治体においては「子供読書活動推進計画」を策定し，どの推進計画にも「特別な支援が必要な子どもたちへ」の事例や活動内容が紹介されており，少しずつ，障害がある子どもたちへの読書，読書活動の必要性の理解が広がってきていることがわかる。

　東京都では，2017年２月に「東京都特別支援教育推進計画（第二期）第一次実施計画」が策定され，その中の「言語活動及び読書活動の充実」の項

目で「児童・生徒の言語に関する能力を高めるための取組を実施」するとある。あわせて学校図書の充実と環境整備を進めることが述べられている[注1]。

　本章では，例として，肢体不自由特別支援学校の子どもたちへの取り組みを紹介する。

　「第三次東京都子供読書活動推進計画」では，「肢体不自由の児童・生徒が，読書活動に親しむことができるように，障害特性や発達に応じて電子図書の導入やコンテンツの開発を図る」[注2]とある。挙げられた例が，私が勤務する肢体不自由特別支援学校の児童生徒の実態に合っているかと問われると，電子図書を導入する前には，いくつか段階を経ていく必要があるように感じる。そのいくつかの段階を何度か繰り返し，積み重ねていくことで，提示したものを観る目が育ち，話などに耳を傾けて聴く力が育つのである。「手足が不自由だから，タブレットがあればよい」という発想は疑問である。

（2）東京都立墨東特別支援学校の取り組み

　本校は，肢体不自由教育部門，病弱教育部門の2つの部門を併置する特別支援学校である。ここでは，肢体不自由教育部門での読書活動例を紹介する。

　本校は，約85%の児童生徒が移動手段として車いすを使用している。車いすを使用していない児童生徒も，歩行の維持をするために毎日歩行練習に取り組んでいる。また，四肢の障害だけではなく，知的障害，視覚障害，聴覚障害などを重複する児童生徒は約90%いる。加えて，日常的に胃ろう部・鼻腔内からの栄養・水分注入，口腔，鼻腔内吸引，気管切開や呼吸器管理などの医療的なケアが必要な児童生徒も登校しており，教職員，保護者，養護教諭と看護師とが意思疎通を図りながら学校生活を送っている。

　学習面では3つの教育課程があり，児童生徒の発達や学習課題に合ったグループ分けをして指導している。

①自立活動を主とする教育課程

　見ること，聞くことに課題があることが多い。環境の変化を受け入れ，快・不快から好き・苦手などを表情や発声などで外部に発信することをねらいとする内容を授業に取り入れている。体力的にも個々に異なるため，健康観察

をしながら授業を進めている。本校では，児童生徒が最も多く学んでいる教育課程である。

②知的障害を併せ有する教育課程（知的障害特別支援学校と同じ教育課程）

　発達や学習到達度の幅が広く，実生活の中に課題を見つけ，実体験を通して学習を積み重ねていくことを中心としている。ことば，身振り，手ぶりのジェスチャーなどを使って他者とのコミュニケーションを楽しみ，観ること，聴くことが好きな児童生徒が多く学んでいる教育課程である。

③小学校・中学校・高等学校に準ずる教育課程（検定教科書を使って学習する）

　車いすなどを使用し，何らかの支援を必要としながら，一般の小学校・中学校・高等学校と同じように検定教科書を使って，学習を積み重ねることができる児童生徒が学ぶ教育課程である。自分の障害や特性を理解し，生活の自立を目指すことを大きな目標としている。卒業後は大学や専門学校へ進学する生徒もいる。

　教員はそれぞれの教育課程において，児童生徒の実態に合わせたねらいを設定し，教材を作成し，個々の児童生徒の特性を伸ばすために日々指導を積み重ねている。このように，発達年齢の幅が広い児童生徒に対して，本校の読書活動は，主に3つの取り組みを行っている。「図書館・図書コーナーの設定・整備」「外部からのお話ボランティア『おはなしの会　うさぎ』の活動」「児童生徒・先生方のレファレンスに応じる図書館支援員の導入」である。

（3）学校図書館・図書コーナーの設定・整備

①学校図書館・図書コーナー

　学校図書館整備のスローガンは「本が近くにある環境を！」である。

　私が赴任した年は，学校図書館は3階にあった。しかも，学校図書館の半分は高等部の教室と共有であったため，学校図書館を利用したくても授業中だったり，給食中だったりと入りにくい雰囲気があった。

　1階から小学部の児童たちが上がってきても，入りにくい雰囲気があるので，自然と足は遠のいてしまう。勇気をもって「入ってもいいですか？」と一言断ってから利用していたことを引継ぎとして聞いていた。

これは障害の特性に合った学校図書館以前の問題である。どんなに魅力的な本があっても，利用者である児童生徒たちには「入りにくい」の印象しか残らない。まずは，どんな時でも，だれもが本に手が届く環境を作ることからスタートした。

②図書コーナー

　「図書館の場所をください」と叫んでも現実は難しいため，だれもが気軽に本に手が届く場所として「廊下」に図書コーナーを作ることにした。幸いにも本校の廊下には，小集団だったら集まれるスペースが各階にある。そのスペースを図書コーナーとして設置することにした。

　コーナー作りは防災上の確認，手すりの確保などさまざまな部署に説明と交渉をすることからスタートした。丁寧な説明をすることで，理解が得られ，相談しやすくなる。

　1階の図書コーナーは小学部が授業の題材にしやすい本や，休み時間に楽しめそうな本，紙芝居などを置いた。

　季節の本や季節に合わせた装飾をすることで，児童生徒が廊下を通るたびに，季節を感じ，装飾を楽しめるよう工夫をしている。また，授業で作成した作品を掲示することもあった。卒業生が作成したベンチは必須アイテムとなり，歩行練習中の休憩の際に立ち寄り，一息入れながら気に入った本を取り出し，ページをペラペラとめくり，学校介護職員に読んでもらってから再び歩き出す児童生徒もいた。

図表 11 - 10　1階の図書コーナー　　図表 11 - 11　2階の図書コーナー

　2学期には，2階にも図書コーナーを設置した。2階は中学部と高等部の教室が主なので，進路に向けた本やマンガ（『ちはやふる』・『スラムダンク』），実年齢に近いヤングアダルト向けの本などを置いた。

　さまざまな人からの理解と協力により図書コーナーはどんどん魅力的になっていった。そして，本を手に取り，教室や自宅に持ち帰る児童生徒が増えた。障害の有無に関わらず，本の魅力，学校図書館の必要性を実感することができた。教員からは，「好きな本が見つかるとニッコリしたり，好きなページになると本に手を伸ばしたり，拍手をする児童生徒もいる」と，報告を聞くことが増えた。このことは，教員にとって「新たな発見だった」と聞くこともあった。

③学校図書館

　本校に赴任して2年目。ついに，学校図書館が1階に移動することになった。うれしいことに学校図書館だけの「教室」である。もう「入ってもいい

図表 11 － 12　　8年前の学校図書館

図表 11 － 13　　現在の学校図書館

ですか？」ということもない。準備のため約２か月間学校図書館を閉館した。その間，高等部の生徒から「いつ図書館は開きますか？」と質問が２，３度あった。児童生徒たちの期待感を裏切らない学校図書館を開館させたいとの思いが募ったことを未だに覚えている。

　ついに，５月の連休明けに学校図書館がオープンした。心掛けたレイアウトは，「車いす同士がすれ違うことができること」「車いすから降りて，足を伸ばせるスペースを作ること」「幅広い実態に応じた本，とくに絵本をそろえること」である。

　本校の児童生徒の実態に合ったこの３つにこだわり，レイアウトを考えた。

　現在，新しくなって７年が経つが，夏季休業中などの長期休業日期間を利用して，車いすの児童生徒たちにとって使いやすい図書館とはどんなものかを模索しながら改善を進めている。

（4）外部からのお話ボランティア「おはなしの会　うさぎ」の活動

　図書コーナーと学校図書館作りを進めながら，外部からのボランティアによる「お話会」を計画・実施してきた。児童生徒たちが提示されたものに気づき，それを観る目，ことば掛けやお話を聴く耳，「楽しい」「困った」などを表情や声で伝えるコミュニケーション力を育てる一環として実施した。

　学校では，児童生徒が教職員以外からのことば掛けを耳にすることは多くない。「うさぎ」の活動は，特別支援学校卒業後に必要となるコミュニケーション力を身につけるための学習にもつながると考えている。また，教員は，教職員以外からの言葉に応える児童生徒たちの様子を見ては，新たな一面を知るきっかけとなっている。

　「お話会」は，事前アンケートに児童生徒の様子を教員が書くことからスタートする。

事前アンケートの内容
　○対象学年・学習グループ・人数（男子○名　女子○名）
　○今までどんな本を読んできたか
　○好きな遊び

○その他
手遊びを入れてほしい　ブックトークをお願いしたい
テーマは「〜〜」　　　　　　　　　　　　　　　　　　　　　　など

このアンケートをもとに，「うさぎ」の方たちは，プログラムを練り，小道具などを用意してお話会を進めている。

8年目の現在は，「うさぎ」の方が教室に入ってくると，児童生徒は笑顔になり，本に手を伸ばしたり，愛おしそうにマスコットのうさぎのパペットに頬をよせたりしている。

お話会は，1，2年間の実践ではわからなかったことが，継続したことで本校の児童生徒の力になり，本校の読書活動の原動力にもなっている。

図表11 - 14　小学部でのお話会

（5）児童生徒と教員のレファレンスに応じる学校図書館支援員の導入

東京都の特別支援学校には，学校司書は配置されていない。各学校の図書館や読書教育は，司書教諭に任命された教員や校長が提示する学校経営計画によって重要性が大きく変わる。そのため学校により学校図書館の状況は異なっている。

本校は平成28年度より月に2，3回，半日，学校図書館支援員を導入することができた。勤務形態は報償費が支給されている有償ボランティアである。学校図書館支援員は児童サービス，ヤングアダルトサービスを始め，障害者

サービスの業務経験があるため大変頼もしい存在である。

　学校図書館支援員の導入までは，図書館業務は，学級担任もしている司書教諭が，時間がとりやすい朝や長期休業日中にまとめて進めてきた。しかし，研修や出張などもあり，思うように進まないことが多かった。図書館業務が増える中，新しい本を待っている児童生徒も多かったが，スムーズな運営ができなかったことは歯がゆかった。教員も授業で使いたい本を希望していたので，購入した本のデータ処理などは，急ぎの業務であったが十分にできなかった。

　学校図書館支援員を導入することで，これらの業務が進み，たくさんの新しい本が並んだ。学校図書館支援員は，書架整理，装飾，本の修理なども担っており，教員とは異なる視点で図書館内の空間をとらえているので，参考になることも多い。何よりも図書館に人がいることで，今まで以上に入りたくなる図書館になっている。児童生徒自らが「○○の本ありますか？」と質問することや教員から「社会見学で○○に行きますが，事前学習に使える本はありますか？」とレファレンスを受けることが多くなってきている。

　レファレンス後，本校に資料がないときは，区立図書館の団体貸出を利用している。本のリストは学校図書館支援員が作成し，教員が区立図書館へFAXや電話をして，配本の連絡調整をする。現在は，ほぼ毎月，区立図書館からの貸し出しを受け，授業に役立てている。

　学校図書館支援員と協力するためには，校長が示す「学校経営計画」にも

図表 11 - 15　図書館支援員から本　　　　図表 11 - 16　図書館支援員による
　　　　　の福袋を受け取る児童　　　　　　　　　　　教室でのブックトーク

とづく「学校図書館指針計画」や「利用計画」を作成し，学期毎に取り組みを振り返ることで，児童生徒に合った学校図書館利用や読書活動が充実すると実感している。

　障害があっても身の回りに本がある生活を支援する学校図書館支援員の存在は大きいことがわかった。学校司書（学校図書館に関わる職員）を配置することで，児童生徒にとって魅力的で，もっと活気ある学校図書館になると考えている。

　児童生徒の学びのニーズに合わせ，学習を積み重ねるのを大切にすることが特別支援学校だと思っている。ニーズに合わせた資料を収集し，それを児童生徒の手元に渡していくことが学校図書館の使命であり，学びに幅がある特別支援学校だからこそ，学校図書館の活用と充実させるための「人」の存在が大きいと感じている。

（生井恭子）

〈注〉

（注1）東京都教育委員会「東京都特別支援教育推進計画（第二期）・第一次実施計画―共生社会の実現に向けた特別支援教育の推進―」2017年 p.47（http://www.metro.tokyo.jp/tosei/hodohappyo/press/2017/02/09/documents/03_02_21.pdf ［2019年5月1日現在参照可］）

（注2）東京都教育委員会「第三次東京都子供読書活動推進計画」2015年　p.28（http://www.kodomo-dokusho.metro.tokyo.jp/tmg/wp-content/uploads/user/keikaku/3f61a7f175f8e4a04b1e35fdcef3a952.pdf ［2019年5月1日現在参照可］）

読書活動の推進と 司書教諭・学校司書

第XII章

1 全校で取り組む読書活動

（1）教科と関連して行う読書活動

①読書活動を通して育む力

　読書には，情報を得るための読書，理解を深めるための読書，推理・想像して楽しむ読書などがある。児童生徒にとっての読書とは，ことばを学び，読むことを学び，疑似体験・追体験・仮想体験をしながら本の世界と親しんでコミュニケーション力の基礎を培い，想像力・思考力・判断力・情報活用能力を身につけることなのである。学習指導要領にも記してあるように，生きる知恵を得て，持続可能な社会の創り手の育成を目指しているのが読書指導・読書活動であるといえる。

②センター機能を生かした読書推進

　学校図書館には，教育課程の展開に寄与するとともに児童生徒の健全な教養を育成するという目的があり，また，そのための機能が備えられている。

　学校図書館は，「学校の教育課程の展開に寄与するとともに児童生徒の健全な教養を育成する」[注1] ことを目的とした「学校教育において欠くことのできない基礎的な設備」である[注2]。また，「児童生徒の読書活動や児童生徒への読書指導の場である「読書センター」としての機能と，児童生徒の学習活動を支援したり，授業の内容を豊かにしてその理解を深めたりする「学習センター」としての機能とともに，児童生徒や教職員の情報ニーズに対応したり，児童生徒の情報の収集・選択・活用能力を育成したりする「情報センター」としての機能を有している」[注3]。

　これらの機能を十分に生かしながら児童生徒の読書活動を活性化させていくためには，まず学校図書館運営の組織化を図ることが必須である。

　学校長は学校図書館長としての役割を担い，学校経営計画を作成して学校教育目標の具現化を目指す。学校経営計画の中に学校図書館運営委員会を位置づけ，学校図書館教育全体計画等を明示し周知する。

　具体的には，学校や地域の特性と児童生徒や保護者の思いや願いを反映しつつ学校教育目標にもとづいた学校図書館教育全体計画を策定する。その計画をもとに，学校長と司書教諭が中心となり，読書指導体系表・情報活用能力育成のための体系表等を策定する。同時に，各学年・各教科の担当教員は，学習指導年間計画にもとづいて学校図書館を利活用するための学年または教科の学校図書館教育年間指導計画を策定する。情報活用能力育成のための体系表は，全国学校図書館協議会「情報資源を活用する学びの指導体系表」[注4]が参考になる。全国学校図書館協議会のウェブサイトの「図書館に役立つ資料」から入手できる。

③全教職員と連携する読書指導

　学校図書館の機能を生かした円滑な学校図書館運営は，学校図書館全体計画をもとにした学校図書館の各計画を校内学校図書館運営委員会で検討・策定してこそ図ることができる。学校図書館運営委員会は，管理職・司書教諭・学校司書・各教科主任・学年担当者によって構成されることが望ましい。そして，全教職員が一致して学校図書館を利活用しながら読書指導を行うことにより，全校の読書活動は活性化され，推進される。

　児童生徒は，多様なメディアを活用して学習活動の基盤を形成し，生涯にわたる読書習慣を身につける。指導者は児童生徒に学校図書館メディアの活用の仕方や多様な文章の読み方を指導し，言語を使って自分の考えを形成することを学習活動や読書活動を通して指導する。その際に，意図的・計画的・継続的・系統的な指導を全教員が一致して行うことが重要である。

　児童生徒は物語を読んで自由に想像して本の世界を豊かに楽しんだり，主人公の生き方と自分の生き方を比べながら自分自身を見つめ直したりすることができるようになる。説明文や意見文を読んで自分の考えと照らし合わせたり，興味のある部分を検証したりしながら読み深めることもできるようになる。また，学習課題や自分自身の課題を解決するために，多様な情報の中

から必要な情報を選び出し,それらを取捨選択して自分の考えを構築したり,課題を解決したり,作品にまとめたりすることもできるようになる。そういった学習活動の過程の中で,思考力・判断力・表現力が培われ,豊かな言葉を用いてコミュニケーションできる力が養われる。そして,児童生徒の豊かな人間性が育まれていくのである。

　また,学校図書館メディアを活用し,実験・観察・体験やインタビューを行い,課題について意見を交換しながら学習内容を広め深めることで,児童生徒は確かな学力を定着させていく。学校図書館利活用によって,授業改善が図られ,主体的・対話的で深い学びが行われ,読書活動が豊かに主体的に行われるようになり,生涯読書へとつながっていく。

（2）児童生徒・保護者・ボランティア・諸機関と連携した読書活動

　小学校と中学校・高等学校の異校種間連携は,児童生徒の読書力の育成や読書推進の上でも欠かすことはできない。児童生徒の読書指導や読書活動に関する情報交換や学校図書館資料の共有または貸借のできる環境を整備するためには,司書教諭や学校司書の存在が必要である。児童生徒が行事や図書委員会活動などを通して交流し合う活動や保護者やボランティア団体の協力を得て活動の輪を広げることによっても,読書活動は充実し推進される。

　そして,各都道府県・地区学校図書館協議会(SLA),地域の図書館や博物館,美術館,劇場,音楽堂などの施設とも積極的に連携して,資料を活用した情報の収集や鑑賞などの学習活動を充実するとともに,児童生徒の学習や読書経験の幅を豊かにすることも必要である。

図表 12 － 1　学校図書館教育全体計画例

学校図書館教育指導計画
○○小学校図書館教育全体計画

・日本国憲法
・教育基本法
・学校教育法
・学習指導要領
・学校図書館法

学校教育目標
わたしが　みんながかがやく　○○の森

【知】	【体】	【公】	【開】
学ぶ楽しさを知り、自分の考えを深める子を育てます。	自分が好き、友達も大好きな、あたたかい子を育てます。	心と体の健康を守り、自他の生命を大切にする子を育てます。	まちの人やものを大切にし、共に生きる子を育てます。	様々な人と自分からすすんでコミュニケーションがとれる子を育てます。

・学校教育課程
・児童の実態
・教職員、保護者の願い

学校図書館教育目標
主体的・意欲的な学習活動を支え、豊かな感性や思いやりの心と考える力を育む。

学校教育目標・学校図書館教育目標を実現するための具体的な目標

【知】	【徳】	【体】	【公】	【開】
わかる授業楽しい授業を通して、話合い活動を重視しながら思考面を伸ばすとともに、意欲的に根気よく課題解決する態度を育てます。	規範意識や礼儀を大切にし、広い視野と豊かな体験のもと、自分と同様に相手の人格を尊重する心や態度を育てます。	自他の生命と体を大切にするとともに、望ましい生活習慣を身につけ、健康づくりに取り組む態度を育てます。	地域の方たちとの関わり合い、地域や横浜、日本に貢献しようとする態度を育てます。	地域、日本、世界の伝統や文化に関心をもって尊重しながら、国際社会の発展のために発信しようとする態度を育てます

学校図書館の機能
教育課程への寄与・健全な教養の育成

◎学習・情報センターの機能
・適切な資料・情報を得て、学習の充実が図られる場
・図書や新聞・インターネットなど、多様なメディアから情報を得ることができる場
・自分の考えたことや調べたことを様々な媒体を通して発信できる場
◎自発的・自主的な学習に取り組むことができる場
◎学習したことを交流する中で、さらに知りたいことを深める学習を行える場
◎学習の成果物を蓄積できる場

読書センターの機能
○本に親しむきっかけとなる場
○自由に好きな本を選んで読む場
○知りたいことを調べるために必要な本を読む場
○好きなことへの興味関心を高める場
○静かに本を読みふけることを確保してくれる場
○本に関する様々な情報を得られる場
○読書交流を通して、読書の楽しみを深められる場

○子供の居場所作り

「学校図書館の機能の充実」を目指す計画

学校図書館教育全体計画
○学校教育目標と学校図書館教育目標の関連性を明確にした計画＜横浜版学習指導要領に基づく学校図書館教育＞

学校図書館教育指導計画
教育課程の展開に寄与する学校図書館を活用した学習指導の計画
＜学校図書館指導計画学年目標＞

低学年＜楽しむ読書＞	中学年＜広げる読書＞	高学年＜深める読書＞
・興味をもったことを調べる力を育てる。 ・本との楽しい出会いを通して、読書意欲を高め、感じたことを表現する力を育てる。	・目的に応じて資料を選び、効果的に活用する力を育てる。 ・感じたことや考えたことを伝え合い、表現した活動を通して、読書の領域を広げる。	・資料を活用して主体的に課題解決する力を育てる。 ・内容や要旨をとらえ、考えたことを交流し合い、読書を通して自分の考えを深める。

学校図書館担当者・学校司書年間活動計画
○学校図書館計画を計画的・継続的に展開し、司書教諭・学校図書館担当者が年間を見通して活動するための計画

2　司書教諭の職務と読書指導

（1）司書教諭の職務

　学校図書館での職務を大きく4分野に分けると経営運営的職務・教育指導的職務・学校図書館整備等の技術的職務・奉仕的職務がある。司書教諭は，学校司書・教職員と連携し，主に経営運営的職務と教育指導的職務を担う。

①経営運営的職務

　学校図書館メディアを活用する際に，児童生徒と本や資料をつなぐ具体的な方法についての技能をもつ本の専門家として，司書教諭への期待は大きい。1953年に学校図書館法が制定され，1997年の学校図書館法の一部改正により，2003年から12学級以上の学校に司書教諭が必置されることとなった。また，2014年の学校図書館法改訂により，学校司書の配置が法制化されて各地方自治体で促進されている。このような現状により，学校図書館運営などにおいて司書教諭と学校司書の連携が図られるようになった。全校の学校図書館利活用を目指すためには，司書教諭と学校司書の連携・協働にとどまらず，司書教諭を中心として学校教育に携わる全教職員で連携・協働できるようになることが読書活動推進の理想の姿である。

　司書教諭は，校内の学校図書館利活用の推進役であり，全教職員の連携・協働の要となる。先に紹介した学校図書館教育全体計画などを策定する際にも，館長である学校長を中心としながら，推進役・まとめ役を務める。前年度の反省を生かして，学校図書館の目標や運営・活動内容・年間の活動計画などを立案する。学校の教育計画に，学校図書館教育全体計画・学校図書館運営計画・学校図書館活動計画・読書指導内容体系表・情報活用能力育成のための体系表・学校図書館教育学年指導計画などを載せて，学校図書館を位置づける。これらの諸計画は，全教職員が学校図書館を利活用して読書推進に当たるために，共通理解を図る第一歩である。これらの諸計画の作成とまとめ役が，司書教諭の年度当初の活動になる。

　司書教諭は，授業支援も行う。学習活動や読書活動のねらいを明確にして

事前準備を支援し，本来なら指導案作成からティームティーチングまで専門性を生かして教員として授業支援が可能である。また，常に情報共有を各教職員と行って記録を残しておきたい。司書教諭の専任化，少なくとも授業時間軽減を実現させたい。

　また，司書教諭は，学校司書がその特性を生かして学校司書としての授業支援ができるように推進役となる。各教科の学習指導や行事を行うときに学校図書館を計画的に活用する，学校司書や司書教諭に授業支援の依頼をする，地域や諸機関と連携するなど，学校図書館活用を教員に伝え，推進することが必要である。

　そのために，校務分掌に位置づけられている学校図書館運営委員会の活動を充実させて，学校の教職員全員が学校図書館運営に携わっていけるような仕組みを作ることが必要である。司書教諭は校内重点研究推進委員会や運営委員会にも所属して，教育課程の編成，カリキュラム・マネジメントにも関わることが望ましい。

　また，司書教諭は学校図書館メディアの選定においても，学校図書館運営委員会の活動の中心となって推進する。購入図書の選定の際には，全国学校図書館協議会の「学校図書館メディア基準」とくに「蔵書配分比率」を参考にして，学校図書館図書標準の達成を目指す。学校司書と協働して，学校図書館メディアの更新にも力を入れる。そして，児童生徒の教育課程の展開や読書推進に利活用できる学校図書館を整備する。学校図書館運営委員会では，購入図書の選定基準や廃棄基準について明文化した上で，児童生徒の学習活動や興味関心に即しているか，児童生徒の健全な発育のために適切であるかを協議して，学校図書館メディアの選定などを行うシステムを構築する。加えて，学校独自の資料（パンフレット・ワークシート・教材・作品等）についてもファイル資料として構築する。

図表 12 － 2　学校図書館年間活動計画例

学校図書館年間活動計画（例・抜粋）

1　指導目標

・図書館の計画的な利用指導により、教職員と児童の**図書館活用**の定着を図る。

・読書指導の充実を図り、進んで読書に親しむ児童の育成とその**豊かな情操**を養う。

・教育課程と関連した図書館活用により児童の**学習活動の充実**を図り、思考力読解力を育成するとともに、**課題解決能力を育む**。

・**学習センター・情報センター**としての活用を活性化することにより、児童に**情報活用能力**を身につけさせ確かな学力を培う。

2　指導の重点

・学校図書館教育全体計画をもとに全教職員で共通理解を図って活用を推進する。

・課題解決学習を充実させるための学校図書館（学習センター）の効果的・計画的系統的な活用の工夫を図る。＊**学校図書館教育学習年間指導計画**

・読書に対する意欲を高めるため、朝読書や読み聞かせなどの読書指導を充実させる。

3　年間計画

月	活　動　内　容	委員会指導	図書館活動・司書教諭	学校司書連携
4	学校司書発令、配置 図書館オリエンテーション図書館活用研修 （はまっこ読書ノート・図書館活用シート） 課題図書紹介（読書感想文） 朝読書の開始 子ども読書の日4／23 （全国読書週間4／23〜） 市読書条例により、26年度より毎月23日は、読書の日とする。	委員会発足 年間活動計画作成 組織作り 書架の確認 春の読書週間計画準備 貸し出し開始	学校図書館運営委員会発足 開館準備 学校司書との連携 年間計画の作成 予算計画 ボランティアと 打ち合わせ・引き継ぎ 図書館ネットワークの活用 新図書館地図作り （ボランティアと学校司書による整備適時）	着任 年間活動予定作成 図書館オリエンテーション 課題図書ブックトーク 探調ツール研修 図書館整備 新着図書登録 図書館便り作成 ボランティア顔合わせ 読み聞かせ 春の掲示物
5	貸し出しスタート（4月下旬から5月上旬） 春の読書週間（5月〜6月）	委員会活動 読書週間準備と活動（ブックツリー読み聞かせ等） 雨天時のイベント計画	購入図書の検討 （ボランティアによる読み聞かせ開始） ＊**図書購入計画委員会** 春の読書週間	**職員学校図書館活用研修①** 課題図書の発注 読書感想文課題図書ポスター作り 季節の掲示物

図 12 － 3　学校図書館教育年間指導計画例

第4学年　学校図書館教育年間指導計画
○○小学校　（前期）　（後期）

学級目標：大きなにじを作ろう！～親切・協力・助け合い　レッツ・チャレンジ！～

教科	4月	5月	6月	7月	9月	10月	11月	12月	1月	2月	3月	合計
図書館行事等	読書計画を立てよう	目的に応じていろいろな種類の本を選んで読もう	辞典コーナーを探検しよう	夏休みの読書計画を立てよう 自由研究の計画を立てよう	いろいろな方法で目的に合う資料を見つけて調べよう	秋の読書週間いろいろな資料を使って調べよう	自分の大好きな本を紹介しよう	紹介したい本を見つけて友達と考えて交流しよう 冬休みの読書計画	冬休みに読んだおすすめの本の読書紹介をしよう	相手や目的を考えて学習したことを工夫して伝えよう	自分の読書生活をふり返ろう	
行事	○始業式、着任式 入学式、離任式 ○大掃除 ○身体計測 ○集団下校	○なかよし遠足 ○各種検診 ○開港記念式 ○宿泊体験学習 ○交通安全教室		○大掃除 ○終業式	○始業式（8月） ○防災総合訓練 ○運動会 ○身体計測	○社会科見学 ○歯科検診		○大掃除 ○終業式	○始業式 ○身体計測		○集団下校 ○大掃除 ○お別れ式 ○卒業証書授与式 ○修了式	
総合	○学習計画を立てよう	○愛川自然教室　E①②　G①② 活動計画を立てよう　愛川の自然を調べよう			○「大切な命を育てよう！協力し合おう！話し合おう！」～進んでつながろう　つなげよう　自然体験と学校生活～　モミジそだて隊・ハチミツ集め隊E①②　G①②					○1／2成人式を開こう　E①②　G①② わたしの成長とこれからのわたし		70
国語	○登場人物の人がらをとらえ、話し合おう「白いぼうし」◎B②③④D① ○漢字の組み立て 漢字辞典の使い方 D④	○興味をもったところを発表しよう「大きな力を出す」「動いて、考えて、また動く」◎B④C①D2 ○短歌・俳句に親しもう（一） F①	○調べたことを整理して書こう「新聞を作ろう」D②③E①～④F② ○いろいろな意味をもつ言葉D② ○ふるやのもり◎B④ F①②	○場面の様子に着目して読み、しょうかいしよう「一つの花」◎C① ○自分の考えを伝えるには ○本は友達◎A②B④「かげ」	○調べて発表しよう 「だれもが関わり合えるように」 E①　G①②	○読んで考えたことを話し合おう 「ごんぎつね」 ◎B①～④C① ○慣用句 D②	○段落どうしの関係をとらえ、説明の仕方について考えよう 「アップとルーズで伝える」◎B④ ○「クラブ活動リーフレット」を作ろうF①②	○短歌・俳句に親しもう（二） ○心に残ったことを感想文に書こう「プラタナスの木」◎B②～④ ○文と文をつなぐ言葉	○きょうみをもったところを中心にしょうかいしよう 「ウナギのなぞを追って」 ◎A②B①～④	○聞き取りメモの工夫 ○熟語の意味 D② ○本で調べて、ほうこくする文章を書こう「わたしの研究レポート」 E①②	○まちがえやすい漢字 ○読んで感じたことが伝わるように、音読しよう「初雪のふる日」 ◎B②C①② ○十年後のわたしへ	245
社会	○ごみをへらそう D①③　E①③ F①	○水を大切に D①③　E①③ F①	→	○火事からまちを守るには D①③　E①③　F①	○安全なまちをめざして D①③ E①③ F①	○昔は海だった横浜駅 D①②③④	○入り江を海にした吉田勘兵衛 D①②③④	○いいところいっぱいわたしたちの県 ・神奈川県をかけぬけようE①②③④　F①②	・伝統のわざを生かして（箱根町）	・海と太陽のめぐみを生かして（三浦市）	・まとめようわたしたちの県のこと	90
算数	○折れ線グラフと表 E②④	○角の大きさ G①　E③ ○わり算の筆算（1） E②③　G①②	○垂直・平行と四角形 E③	○考える力をのばそう ○そろばん	○大きい数のしくみ E①②③ ○わり算の筆算(2) E②③　G①	○がい数の表し方 ○計算のきまり E①②③ G①②	○面積のはかり方と表し方 ○小数のしくみ G②	○変わり方調べ F①②	○小数のかけ算とわり算 G②	○分数 G② ○直方体と立方体 E③　F①②	○4年生のまとめ・復習	175

														時間
理科	○季節と生き物（春）D①②E①②	○天気と気温E①②F① ○電気のはたらきE①②F①		○運動と物（体）D①②E①②F①	○自然の中の水E①②F①	○星や月（2）目の動きD①②E①②F①	○星や月（3）星の動きE①②F①	○もののあたたまり方E①②F①（全）	○人の体のつくりと運動D①②E①②	○季節のまとめ	105
音楽	明るい歌声をひびかせよう ○「とんび」 ○「まきばの朝」 他 G①②	○曲に合った歌い方で ○「ハッピーソング」「とんび」 ○健康のくふう		○日本の音楽に親しもう ○「さくらさくら」 ○「おどるポンポコリン」 他	○今日の図工作品を工作用具で仕上げよう E① G①	○いろいろな音のひびきを感じ取ろう ○「ハローシャイニングブルー」 他	○日本の音楽に親しもう ○「さくらさくら」	○音楽の楽しみ方 ○「まきばの朝」 他 ※音楽会	○「さくらさくら」 ○旋律づくり	○曲の感じを生かして ○「いろんな木の実」 ○フォークダンス 他	60
図工	○花をじっと見つめて E① G①	○みんなでどんどんすすもう E① G①		○今日の図工作品を工作用具で仕上げて E① G①	○ほるとうかぶ形 ○工作に挑戦	○ビー玉ランド E① G①	○くるくる回って・楽しさはっけん E① G①	○だんボールを切って・つないで E① G①	○ひっこくって・たのしみな E① G①	○ハッピーカード E① G①	60
体育	○体つくり運動「体ほぐし」 C①②③	○ゲームボール運動「ゴール型」リレー ○保健（育ち）「育つ体と私」 D②		○連続の運動「運動」 ○表現「リズムダンス」	○連続の運動「多様な動き」 ○表現「リズムダンス」	○器械運動「跳び箱運動」「高跳び」 ○体つくり	○ゲーム「ネット型」「バレーボール」	○ゲーム「ボール運動」「多様な動き」	○体つくりの運動 ○用具（3の）を使った動きづくり ○ゲーム「ゴール型」（ラインサッカー）	○ゲーム「ゴール型」（ラインサッカー） ○保健「育ちゆく体と私」	105
道徳	○心も体もすこやかに ○自分でできることは自分で C①②	○考え方的行動やきまり ○物事に広く ○助け合って ○日本のふるさと C①②		○みんなの公園 ○美しいもの ○自分のこと ○仕事 ○みんなのために C①②	○つながり合う ○生き物と友達 ○温かい心で ○正直に生きて C①②	○本当の勇気 ○自然との共生 ○大切な家族 C①②	○きまりを守って ○命の大切さ ○目分の学校 ○公共の場で C①②	○勇気を出して ○くじけず根強く ○自然のすばらしさ ○家族の助け合い C①②	○みんなの入学 ○きまりと生活 ○世話をするくふう C①②	○命を守る仕事 ○信頼される人 ○地域のためになることを ○家族の助け合い C①②	35
学級活動	○当番の仕事 ○係の仕事 ○仲よくあそぶ約束	○代表委員会 ○クラス日課		○夏休みの生活のふりかえり ○夏休みの生活 C①②	○学期末の ○夏休みの生活に向けて ○運動会に向けて	○よい仲間の人間関係づくりに向けて	○人権週間の取り組み ○冬休みの生活	○給食週間の取り組み ○長縄大会に向けて	○学校保健委員会に向けて	○卒業式に向けて ○1年間のふりかえり	35
YICA	○じこしょうかいを通して相手をもっと知りあおう	○学校探検をしよう ○身の回りの安全を確かめよう		○自分の住む町をさがそう	○話し方を開こう	○情報を開こう	○買い物を楽しもう	○調べたことを発表しよう	○なにか、なんだ？クイズを出そう		20

＊◎：読書指導の内容（体系表より）　＊記号番号ほか：情報活用能力育成の体系表より

合計1000時間

②教育指導的職務

　学校図書館を計画的・継続的・系統的に利活用するためには，前項にあげたような学校教育全体に関わる計画と各学年・教科の年間指導計画が必要となる。各教科のカリキュラムの重なりや関係性が明確に見えてくる。

　2018年に公示された学習指導要領には，求められる資質能力が明示された。生きて働く知識・技能の習得など，新しい時代に求められる資質・能力を育成し，知識の量を削減せず，質の高い理解を図るための学習課程の質的改善が求められている。学習指導法や学習活動の改善が必要であり，実験・観察・体験などが今まで以上に重視され，個々に学習課題をもって話し合ったり協働し合ったりする学習活動の中で，児童生徒は学びを深める。各教科と学年間の相互のカリキュラムを見直して，全教職員で学校図書館を利活用して一層児童生徒の学習活動を豊かにするために，また児童生徒の確実な学力と豊かな創造性を培っていくために，司書教諭の果たす役割は大きい。

　他にも司書教諭は，児童生徒の発達段階に応じた読書指導のあり方や学校図書館利活用の仕方などの教職員向け校内研修会を計画し，実施する。教職員研修は，年間の活動を見通して年度当初に数回を計画しておく。このような研修会を計画的に実施することにより教職員の意識や学習指導への取り組み方が改善されて，学習指導の中で学校図書館は利活用されるようになる。そして，その学習指導に司書教諭や学校司書が直接的・間接的に関わって，児童生徒の学習活動は主体的・対話的で深い学びへと変わっていく。また，司書教諭をはじめとする教職員は，学校図書館を利活用することによって教科横断的な視点がさらに明確となり，カリキュラム・マネジメントも必然的に行われることになるのである。学習指導を行う上で，児童生徒が物事を相互に関連づけて理解すること，情報を精査して考えを形成すること，問題を見出して解決策を考えること，思いや考えをもとに創造することなどを重視し，児童生徒の学びのプロセスを大切にすることについても教員間で周知する。

　学校司書との連携により，特集コーナーの設置，ブックトークやアニマシオン，シリーズ本・テーマ別の本・同じ作者の本などの紹介，作品やワーク

シート・地域資料やパンフレットの保存，新聞活用などを常時行う。同時に，教職員の授業づくりと教材準備に関する支援や資料相談への対応など，教育活動への支援についても準備し整備する。

（2）司書教諭としての読書指導

①児童生徒への読書指導

　司書教諭は児童生徒の本の専門家として，適時に，適書を，適切な方法で紹介できるように，発達段階に応じた多様な読書材を知るとともに，児童生徒の人間形成のため偏りがないよう配慮して，学校図書館の図書および資料の選定を行う。その際に，学校司書と協働・連携することは欠かせない。そして，各学年・教科の学習内容や児童生徒の興味関心に即したブックリストを作成する。そのためには，自校の読書環境を整えて現状を把握するとともに，新刊図書や資料，児童生徒の興味関心や発達段階についても把握する。

　個々のニーズに応じた対応は，特別な配慮を要する児童生徒や日本語を母語としない児童生徒のみならず，すべての児童生徒を対象に考えたい。さまざまな児童生徒の特性をふまえた選書や対応法と読書環境などを整備し，適切な配慮・合理的配慮を行えるように環境整備を行う。リーディングルーペ・大活字本・電子書籍・マルチメディアデイジー・LL ブック・点字図書・ウェブサイトなどの適切な活用により，安心して円滑に読書を楽しむことができるようになる児童生徒は多い。そして，一人読みの場・学習活動の場・コミュニケーションの場を設けて，児童生徒の必要に応えるスペースも確保できる学校図書館でありたい。

　特別活動の視点から，委員会活動は「人間関係形成」「社会参画」「自己実現」の機会とされている。一人ひとりのキャリア形成と自己実現の場であることを大切に，全校児童生徒の読書推進の一翼を担う委員会として指導する。

　司書教諭は，発達段階に応じたさまざまな読書指導，多様なニーズに応える読書指導，児童生徒の主体性を引き出す委員会活動などを視野に入れ，率先垂範し，支援できる専門性を身につけたい。そのためには，積極的に研修の機会を設けて司書教諭としての資質能力を高めることが必要である。司書

教諭は，学校司書と連携・協働しながら児童生徒の必要に応じた本を適切な方法で紹介し，教職員の支援も行う。このような指導や支援があって，児童生徒は自己の必要に応じて適切な選書を行う力を身につけ，主体的な学習者（読者）へと成長していくのである。

また，家庭との連携も読書推進には欠かせない。家庭での読書環境の充実を図るために，ファミリー読書への取り組みや読書の履歴を残すことを奨励し，児童生徒が家庭でも読書をし，自分自身の読書傾向を振り返って今後の読書生活に生かすことができるようにすることも大切である。

図表 12 － 4　ファミリー読書の記録カード

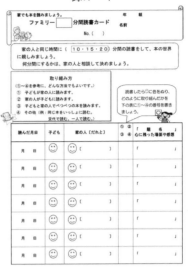

②ネットワークの活用

司書教諭は，学校司書と連携して学校図書館支援センターと頻繁に連絡を取り，新しい情報を得たり指導法を見直したり情報を共有したりして，学校図書館を児童生徒と教職員の要望に応えられるように整備する。

限りある予算の中で，教育課程に寄与する学校図書館を実現するために，多様なメディアを活用し，資料の情報を集めて選定する。しかし，児童生徒の興味関心に十分対応できる資料，教育活動の利活用に十分対応できる資料を整備することは難しい。そこで，他校との資料の貸借を行うことも考えて，学校図書館利活用の推進を図りたい。

インターネット社会における学校図書館メディアの活用についても研鑽を積む。コミュニケーションツールが多様となり，コンピュータやタブレット端末も普及している学校が多く見られる今日においては，電子書籍やウェブサイトなどの資料についても新しい情報を随時取り入れる。

地域の図書館や博物館，美術館，劇場，音楽堂などの施設の利用を積極的

に行い，類縁機関の資料を活用して情報の収集や鑑賞等の学習活動を充実させるとともに，児童生徒の豊かな読書活動を推進することも必要である。

　図書館便りや学校便りなどの広報活動を通して，保護者や地域との連携を図って読書活動を活性化させる。また，読書推進サークル，PTAや地域ボランティアとも連携し，自校の自然環境・人的環境・社会環境・教育環境のよさを生かしながら読書活動を推進する。このような環境を整えることによって，豊かで楽しく読書活動は活性化する。

3　学校司書の職務と読書指導への支援

（1）学校司書の職務

　2014年，学校図書館法が一部改正され，学校司書が法制化されるとともに，学校司書の研修等の実施について規定された。学校司書は，専ら学校図書館の職務に従事する職員である。学校図書館活動の充実を図るためには，学校司書を配置して，司書教諭と連携しながら多様な読書活動を企画・実施したり，学校図書館サービスの改善・充実を図ったりしていくことが有効である。

　学校司書は，学校図書館において主に技術的職務・奉仕的職務を担う。

①学校図書館整備などの技術的職務

　学校図書館メディアの収集・整備・管理が技術的な職務の中心となる。多様なメディアの受け入れや選書を行うためのリスト作成などの事前準備，図書資料の受け入れや装備・登録・配架，データの入力や削除，多様な資料の収集や選定・リスト作成，図書館メディアの除籍や廃棄などである。視聴覚機器などの管理においても学校司書の専門性が生かされる。また，学校図書館のレイアウトや配架の仕方，各種資料の点検と整理や修理などにおいても学校司書の技術力を生かし，司書教諭と協働しながら児童生徒や教職員が活用しやすい学校図書館を創り，読書を推進する。

②奉仕的（利用者サービス）職務

　奉仕的な職務は，直接的・間接的に児童生徒や教職員とかかわる職務である。

　直接サービスとしては，レファレンスサービスを始めとして，学校図書館資料を紹介したり，児童生徒や教職員の授業にかかわる資料の準備をしたり，資料を取り寄せたりして学校図書館の利活用を活性化させる。事典や図鑑の使い方を示したり，過去の作品やワークシートを必要に応じて提供したりすることもある。また，学校図書館からの情報発信をする。校内への広報活動は適時に発信することが重要であり，学校図書館の活用法について知らせたり，図書館便りの中で新着本や各種イベントについて知らせたりして児童生徒の読書推進を図る。また，新刊図書の情報を提供したり移動図書館を招いたりして書誌情報を準備してから，図書館資料の購入希望調査を児童生徒や教職員・ボランティアグループに向けて行う。また，児童生徒の読書相談も大切な職務である。

　間接サービスとしては，学校図書館の案内図や表示を作って児童生徒や教職員が安心して有効に活用できる学校図書館を目指すとともに，図書館メディアの紹介や読書案内，新資料の紹介などを行って学校図書館利活用を図る。また日本十進分類法（NDC）による書架の整備を行って児童生徒の図書館活用を促し，生涯読書への基礎的な技能の習得を支援する。児童生徒の要望や学習活動に応じて，新着本やシリーズ本のコーナーを作ったり，教科関連や作家コーナーを作ったり，掲示や展示を行うことも読書活動の活性化につながる。利用者登録や貸出返却に関わる事務的な業務を行うとともに，児童生徒に適した館内閲覧の場を整備することや図書館環境を図書館ボランティアと協働しながら整備することもある。

　その他，司書教諭と連携して教員の教材準備の援助と協力を行う。また，児童生徒の学習活動や読書を豊かで多様なものとするために，公共図書館の団体貸出の利用を推進し，他校図書館と情報資源の共有化を図る。

（2）学校司書の読書指導への支援

　学校図書館は教育課程に寄与する図書館であり，児童生徒の確かな学力と豊かな心の育成を図るという役割を持つことを理解する。児童生徒は，学習活動や読書活動の過程において，自ら課題を解決してコミュニケーションを

図り，さらに学びを深いものとし，思考力，判断力，表現力を身につける。学校図書館における学びは，読書活動・情報活用という学習活動を通して想像力や思考力を養い，豊かな人間性や情操を育むことである。児童生徒や教員が学校図書館メディアを利活用するためには，学校司書の専門性は不可欠である。

①センター機能を生かした読書指導への支援

　児童生徒の興味関心や発達段階に適した資料をレファレンスする。最新の資料や旧資料と自校の独自資料や地域資料にも当たり，児童生徒が指導事項を身につけることのできる優れた資料を豊富に準備する。適切な学習環境と読書環境を整備する。必要な資料を司書教諭や教科担当教員と連携・協働しながら学校図書館に常に整備し，それを児童生徒と全教職員に周知し，学校図書館の活用を学校全体の教育活動として位置づける。こうした学校司書と司書教諭と全教職員の一致した取り組みが計画的・継続的・系統的に行われることによって，読書の習慣化や日常化が有効に推進される。

　また，学校図書館には多様なメディアが収集されている。電子メディアやCD・DVD，視聴覚教材やウェブサイト，書籍・新聞・雑誌・地図やパンフレットなど紙媒体資料，そして人的資料など，すべてが学校図書館の資料である。これらの資料を活用する学習過程において，児童生徒の情報活用能力は育成される。加えてコンピュータやタブレット端末などのICT機器を適切に活用することについても支援を行う。このような学習支援により，児童生徒は各教科学習の課題解決の過程で指導事項を身につけ，確かな学力が培われていく。

②学校司書の専門性を生かした読書指導への支援

　児童生徒の活字離れや高校生の不読率などが新聞紙上でも話題となることがある。また，文章表現の簡素化やシリーズものの縮小など，読み物の内容が平易なものになってきている現状がある。

　このような現状において，学校司書のレファレンス力やブックトークなどの本を紹介する力が，読書指導を行う際に必要とされている。学校司書は学校図書館メディアの専門家として，読み物や調べるための資料について理解・

把握し，児童生徒の理解の程度と興味関心に合わせて，適切な学校図書館メディアを備え，リストを作成したりレファレンスをしたり紹介をしたりする。

　子どものためのレファレンスブックについても情報を収集し，児童生徒や教職員が容易に必要な資料を見つけ出せるよう案内表示などを作成する。

　また，十代の読書推進を目的としたYA（ヤングアダルト）文庫や気軽に読めるライトノベル・ファンタジー・SF（サイエンスフィクション）・恋愛小説やミステリー小説なども所蔵し，児童生徒の多様なニーズに応えたい。マンガについては，全国学校図書館協議会「まんが選定基準」が参考になる。電子書籍の現状についても把握し，電子末端機器の操作などについて研修の機会を設けることも大切である。

　公共図書館とは，積極的に連携する。団体貸出の利用のほか，レファレンスサービスやブックリスト作成の上でアドバイスを受けたり公共図書館のイベントを紹介したり双方向の連携を推進したい。学校図書館ボランティアとも連携して図書館業務を行い，読み聞かせ・ブックトーク研修などへの支援も行いたい。また，学校図書館支援センターとも連携して，学校図書館利活用のためのネットワーク作りを推進する。歴史資料館，科学博物館，国際子ども図書館，公民館，児童館，美術館，水族館，音楽堂，コミュニティセンター，文化センターなど，連携できる生涯学習施設は多い。これらの施設と連携した記録を残して，次年度の学校図書館利活用・読書推進に生かしていく。

　そして，すべての児童生徒があらゆる機会において自主的に読書活動を行うことができるように，積極的な環境整備を推進する。

　校内の教員による読書推進とともに，図書委員会児童生徒の考えを生かした読書推進活動についても担当教諭と連携・協働しながら支援を行う。必要に応じて図書委員に対して，図書整備の仕方や配架の基礎知識，読み聞かせのこつや多様な本紹介の方法について説明し，学校行事や読書週間などの催しにおいても積極的にかかわり，学校職員の一員として活動する。

　学校司書の専門性が求められる機会は多い。資料準備やレファレンスサービスとともに，さまざまな手法により児童生徒と本をつなぐことも学校司書の専門性が発揮される場である。一番依頼が多いのは，読み聞かせとブック

トークであろう。その他にも，ストーリーテリング，パネルシアター，エプロンシアター，ペープサート，アニマシオン，ビブリオバトル，読書会，リテラチャーサークルなど，本書でもさまざまな読書活動や実践例を紹介しているが，用語を理解し，その方法を習得するための研修会も必要である。読書指導の際に，学校司書がどんな読書活動があるか教員に資料提供したり，学校が校外の人材に依頼したりすることもある。これらの子どもと本を結ぶための手法は，児童生徒に適時に適切な方法で読書の楽しさとそのよさを伝え，児童生徒は本の世界から五感で味わうような感動を得て，他の本や他のジャンルの本へと興味関心を広げたり，友だちと語り合いアドバイスし合ったり，読後の感想を書いたりしながら生きる力を育んでいく。

司書教諭，学校司書，その他学校図書館担当の教員が連携して，校内の読書活動の推進役として機能していきたい。

（千葉尊子）

〈注〉

（注1）学校図書館法第2条（https://elaws.e-gov.go.jp/search/elawsSearch/elaws_search/lsg0500/detail?lawId=328AC1000000185 ［2019年7月15日現在参照可］）

（注2）同法第1条

（注3）「学校図書館ガイドライン」（1）学校図書館の目的・機能（https://www.nipec.nein.ed.jp/sc/project/h30/curri-mana/28school-lib.pdf ［2019年7月15日現在参照可］）

（注4）全国学校図書館協議会「情報資源を活用する学びの指導体系表」（http://www.j-sla.or.jp/pdfs/20190101manabinosidoutaikeihyou.pdf ［2019年7月15日現在参照可］）

個に応じた読書指導

1　一人ひとりのニーズに応じた読書指導の必要性

　本書の第Ⅰ章および第Ⅴ章では発達段階に応じた読書指導の重要性について述べている。発達段階は，児童生徒の指導にあたって必ず考慮すべきものであるが，同時に，あくまでも平均的な発達のプロセスを示しているに過ぎないことにも留意しておく必要がある。つまり，クラスの中に40人の児童生徒がいたときに40人全員が全く同じペースで発達するわけではないということである。実際の発達のペースは，人によって，平均より早い人もいれば，遅い人もいる。言い換えれば，一人ひとりで違っているものなのである。

　一人ひとりの違い，すなわち個に応じたアプローチの1つに読書相談がある。読書相談は，児童生徒一人ひとりとの対話の中から興味・関心を探り，個々の児童生徒の発達に応じた資料の選択などを援助し，読書に結びつける実践である。日ごろから，児童生徒が気軽に相談できる学校図書館の環境や雰囲気をつくっておくことや，司書教諭，学校司書が児童生徒との信頼関係を築いておくことが，読書相談を進める上で大切となる。

　ところで，障害，言語，生活環境などの要因から，発達上，顕著な支援ニーズを有している児童生徒がおり，近年，校種を問わず増える傾向にある。こうした児童生徒に対してはそのニーズに応じた学校図書館環境の整備や読書指導が必要となる。文部科学省が2016（平成28）年11月に通知した「学校図書館ガイドライン」の中には，次のような内容が盛り込まれている。「発達障害を含む障害のある児童生徒や日本語能力に応じた支援を必要とする児童生徒の自立や社会参画に向けた取組を支援する観点から，児童生徒一人一人の教育的ニーズに応じた様々な形態の図書館資料を充実するよう努めることが望ましい。例えば，点字図書，音声図書，拡大文字図書，LLブック，マルチメディアデイジー図書，外国語による図書，読書補助具，拡大読書器，

電子図書等の整備も有効である」。

　以下，障害のある児童生徒，外国にルーツのある児童生徒，貧困などの生活上の課題を抱える児童生徒に分けて，それぞれのニーズに応じた学校図書館環境の整備や読書指導のポイントを述べていく。

2　障害のある児童生徒の読書指導

（1）障害のある児童生徒の現状

　障害のある児童生徒というと，「特別支援教育」の対象となっている児童生徒だけを指すと思われがちであるが，実際はそうではない。例えば，発達障害のある児童生徒の場合，通級による指導などの「特別支援教育」を受け

図表13－1　「特別支援教育」の現状（義務教育段階）

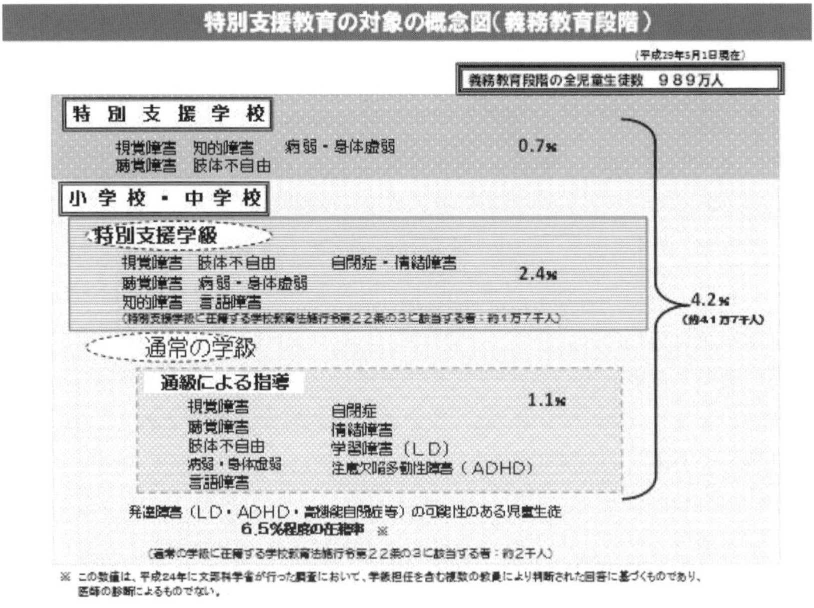

（出典：文部科学省ホームページ）

174

ている児童生徒もいるが，そうではない児童生徒のほうが多い。文部科学省では，義務教育段階で通常の学級に在籍する発達障害の可能性のある児童生徒の在籍率を6.5％程度（１学級に２人程度）としている（図表13 − 1）。

（2）障害のある児童生徒の読書指導に関わる施策

「子どもの読書活動の推進に関する法律」にもとづき，政府は2018（平成30）年４月に「子供の読書活動の推進に関する基本的な計画（第四次）」を定めた。この計画の中では，「障害のある子供は，特別支援学校のみならず通常の学校にも在籍していることを踏まえ，全ての学校において障害のある子供もまた豊かな読書活動を体験できるよう，点字図書や音声図書など，一人一人の教育的ニーズに応じた様々な形態の図書館資料の整備が図られるとともに，学習指導要領等に基づき自発的な読書を促す指導が行われるための取組を推進する」とされている。この内容を各学校で実践に結びつけていくことが大切である。

また，障害のある児童生徒のニーズに応じた学校図書館環境の整備や読書指導にかかわって，「障害を理由とする差別の解消の推進に関する法律」と「視覚障害者等の読書環境の整備の推進に関する法律」も重要である。

2016（平成28）年４月に「障害を理由とする差別の解消の推進に関する法律」（以下，「障害者差別解消法」とする）が施行された。「障害者差別解消法」では，行政機関等に対して，障害者からの意思の表明があった場合（意思の表明が難しい障害者はその保護者等から表明を含む）には「合理的配慮」の提供を義務づけている。ここでいう行政機関等には，国公立の学校も含まれている。また，ここでいう障害者は，「いわゆる障害者手帳の所持者に限られない」（日本政府「障害を理由とする差別の解消の推進に関する基本方針」）とされる。障害者手帳の有無や特別支援教育を現に受けているかどうかにかかわらず，障害のある児童生徒本人やその保護者などから「合理的配慮」を必要としている旨の意思の表明があった場合は，国公立の学校としては「合理的配慮」を提供しなければならないのである。なお，私立学校にあっては努力義務となっている。

では，「合理的配慮」とは，何であろうか。「障害者差別解消法」制定の背景となった「障害者の権利に関する条約」では，「障害者が他の者との平等を基礎として全ての人権及び基本的自由を享有し，又は行使することを確保するための必要かつ適当な変更及び調整であって，特定の場合において必要とされるものであり，かつ，均衡を失した又は過度の負担を課さないものをいう」と「合理的配慮」を定義している。また，文部科学省は，学校に即して「合理的配慮」を「障害のある子どもが，他の子どもと平等に「教育を受ける権利」を享有・行使することを確保するために，学校の設置者及び学校が必要かつ適当な変更・調整を行うことであり，障害のある子どもに対し，その状況に応じて，学校教育を受ける場合に個別に必要とされるもの」であり，「学校の設置者及び学校に対して，体制面，財政面において，均衡を失した又は過度の負担を課さないもの」と説明している。以上から，「合理的配慮」をわかりやすく言うならば，障害のある児童生徒本人やその保護者などからの意思の表明にもとづき，場面や状況に応じた変更や調整を，学校の体制や費用などの負担がかかり過ぎない範囲で行うことという意味になる。

　「合理的配慮」を的確に提供するためには，あわせて「基礎的環境整備」（「事前的改善措置」ともいう）の推進が重要となる。「障害者差別解消法」では，「自ら設置する施設の構造の改善及び設備の整備，関係職員に対する研修その他の必要な環境の整備」に努めると規定している。

　「合理的配慮」と「基礎的環境整備」の関係を読書指導に即して簡潔にまとめるならば，「合理的配慮」は障害のある児童生徒一人ひとりのニーズに応じた読書指導を行うことであり，そのために必要となる図書館資料をはじめとした読書環境の整備を推進することが「基礎的環境整備」といえるだろう。

　このうち「基礎的環境整備」に関わって，2019（令和元）年6月に「視覚障害者等の読書環境の整備の推進に関する法律」（以下，「読書バリアフリー法」とする）が施行されている。「読書バリアフリー法」は，「視覚障害者等の読書環境の整備を総合的かつ計画的に推進し，もって障害の有無にかかわらず全ての国民が等しく読書を通じて文字・活字文化の恵沢を享受することができる社会の実現に寄与すること」を目的とした法律であり，学校図書館

も対象に含まれている。国には「視覚障害者等の読書環境の整備の推進に関する基本的な計画」の策定や必要な財政上の措置を講じることを義務づけ，また，地方公共団体も「視覚障害者等の読書環境の整備の推進に関する計画」を定めるよう努めるとしている。また，学校図書館にかかわって，「視覚障害者等が利用しやすい書籍等の充実，視覚障害者等が利用しやすい書籍等の円滑な利用のための支援の充実その他の視覚障害者等によるこれらの図書館の利用に係る体制の整備が行われるよう，必要な施策を講ずるものとする」などとしており，今後，具体的な計画や施策が示されていくものと思われる。すぐに生かせるように動向を注視しておきたい。

（3）障害のある児童生徒の読書指導の展開

　本書のこれまでの章で述べてきた内容は，障害の有無にかかわらずすべての児童生徒に当てはまることである。障害のある児童生徒の場合は，加えて，一人ひとりのニーズに応じた「合理的配慮」を提供すること（そのための「基礎的環境整備」を推進すること）が不可欠である。

　読書に関する主だった支援ニーズを簡潔に整理すると次のようになる。

・視覚障害：「全盲」と「弱視」でニーズが異なる。「全盲」の場合，視覚を通した読書は難しいので，音声化や点字化など，聴覚や触覚を通した読書の支援が必要となる。「弱視」の場合も，視覚を通した読書が難しい場合は「全盲」の場合に準じるが，文字などの拡大が有効な支援となることも多い。

・聴覚障害：「日本手話」を第一言語とする場合，音声言語である「日本語」とは異なる文法，言語体系を持つため，「日本語」で書かれた文章に読み難さを感じるケースもある。手話を活用した読書支援などが行われている。

・肢体不自由：上肢障害の場合，資料を持ったり，ページをめくることが難しいことがある。人的な支援とともに，ページめくり器などの機器の活用も有効である。また，不随意運動をともなう脳性まひの場合，頭が動いてしまい，視線が定まらず，文字を追うことが困難になりやすい。音声化や文字などの拡大化，マルチメディアDAISY（デイジー）[注1]の活用など

といった支援が行われている。

・知的障害：知的障害のある人に読書は無理と誤解している人は少なくない。しかし，知的障害があっても，その子どもなりの楽しみ方で読書は可能である。そのためには，児童生徒一人ひとりの発達の状態と支援ニーズを的確に把握し，それにあった適切な支援を行っていくことが必要である。例えば，LL ブック^(注2)やマルチメディア DAISY などの知的障害の認知特性などに配慮して作られた資料を活用した読書支援の実践も広がってきている。また，読み聞かせをする際に，リズムのある歌や手遊びを取り入れながら行うなど五感に訴える活動にしていくとより効果的とされている。

・学習障害：知的障害はないものの，読む・書く・計算するなどに困難を抱える。中枢神経系の機能障害と推定されているが，原因が特定されているわけではない。読むことや書くことに困難をもつケースをディスレクシア（読字障害）といい，学習障害の約 80％にディスレクシアがあるといわれている。ディスレクシアの場合，文字情報の視覚認知や音韻認識などに困難がある。読書の支援としては，音声化や文字などの拡大化，マルチメディア DAISY の活用，リーディングトラッカーなどの読書補助具の活用などが有効である。

図表 13 − 2　障害のある児童生徒の読書指導のポイント

主なニーズ	合理的配慮の例	整備が望ましい学校図書館メディアと情報機器の例
視覚障害	・音声化（対面朗読，代読） ・点字化，触覚の活用 ・文字などの拡大化	・音声図書（DAISY など） ・点字図書 ・拡大文字図書 ・さわる絵本 ・拡大読書器 ・音声読書器
聴覚障害	・手話の活用（手話によるお話しなど）	・手話入り（付き）図書 ・手話や字幕入りの映像メディア

肢体不自由	・車いすでも来館・館内移動しやすい立地・環境づくり ・教室等へ出張しての貸出など(移動図書館サービス) ・音声化(対面朗読，代読) ・文字などの拡大化	・音声図書(DAISY など) ・拡大文字図書 ・マルチメディア DAISY ・布の絵本 ・拡大読書器 ・音声読書器 ・ページめくり器
病弱	・車いすでも来館・館内移動しやすい立地・環境づくり ・教室，ベッドサイド等へ出張しての貸出など(移動図書館サービス)	・マルチメディア DAISY
知的障害	・五感を活用(リズムのある歌や手遊びを取り入れながらの読み聞かせなど) ・リライト化(わかりやすく書きなおす)	・LL ブック ・マルチメディア DAISY ・布の絵本
学習障害 (主に読字障害＝ディスレクシアの場合)	・音声化(対面朗読，代読) ・文字などの拡大化	・音声図書(DAISY など) ・拡大文字図書 ・マルチメディア DAISY ・拡大読書器 ・音声読書器 ・読書補助具(リーディングトラッカーなど)
重複障害	ニーズに応じて上記に準じる	ニーズに応じて上記に準じる

　図表13－2にポイントをまとめた。なお，表中にあげた学校図書館メディアと情報機器の詳しい説明については，本シリーズの『学校図書館メディアの構成』(第2巻)を参照してほしい。

3 外国にルーツのある児童生徒の読書指導

（1）外国にルーツのある児童生徒の現状

グローバル化の進展にともなって，外国にルーツのある児童生徒は増加傾向にある。

例えば，文部科学省の「日本語指導が必要な児童生徒の受け入れ状況等に関する調査（平成28年度）」の結果によると，日本語指導が必要な外国籍の児童生徒は34,335人（2016年度）であり，前回の調査時（2014年度）に比べて5,137人（17.6%）増加している。校種別内訳（人数）をみると，小学校22,156人，中学校8,792人，高等学校2,915人，義務教育学校159人，中等教育学校52人，特別支援学校261人であり，小学校が最多となっている。また，児童生徒の母語別内訳（割合）をみると，ポルトガル語25.6%，中国語23.9%，フィリピノ語18.3%，スペイン語10.5%などであり，ポルトガル語と中国語の2言語で半数近くを占めている。

このほか，帰国児童生徒や保護者の国際結婚により家庭内言語が日本語以外である児童生徒など，日本国籍であっても日本語指導が必要な児童生徒も増えている。すべての校種をあわせて9,612人（2016年度）であり，前回の調査時（2014年度）に比べて1,715人（21.7%）増加している。

2019（平成31）年春からの外国人労働者の受け入れ拡大施策などもあり，外国にルーツのある児童生徒は今後も増加していくものと思われる。

（2）外国にルーツのある児童生徒の読書指導の展開

公共図書館における「多文化サービス」の実践を参考にしつつ，学校図書館としても，（1）児童生徒の日本語や日本文化の学習に資する資料の提供，（2）児童生徒の母語で利用できる資料の提供の2点がポイントとなる。

（1）については，日本語指導に資する観点から，平易に読める日本語の資料を収集，提供していくことが大切である。

（2）については，学校図書館で英語の資料を所蔵しているところは少な

くない。しかし，前述の文部科学省の調査結果から明らかなように，英語以外の言語を母語としている児童生徒が大半を占める。したがって，在籍する児童生徒の母語を把握し，母語で読める資料の収集，提供に努めるようにしたい。とはいえ，日本では，英語以外の言語，例えば，ポルトガル語や中国語などの出版物の流通は多くないのが現状である。また，流通していたとしても，高価であることも少なくない。そのため，収集が難しい場合には，近隣の公共図書館との連携による提供も検討したい。外国語の子ども向け図書などをセット貸出する公共図書館も増えている。国立国会図書館国際子ども図書館でも，外国語の子ども向け図書などを多数所蔵しており，全国の学校図書館を対象とした「学校図書館セット貸出し」サービス[注3]を行っている。

　なお，異文化理解・多文化共生を深めることは，これからの時代を生きるすべての児童生徒にとって重要なことである。学校図書館では，所蔵する多様な資料を活用して意識的に多文化に関する展示や，読み聞かせ，ブックトークなどを行うことで，異文化理解・多文化共生に資することも可能である。

4　貧困などの生活上の課題を抱える児童生徒の読書指導

　読解力は，すべての学びの基礎である。しかし，「中学校を卒業する段階で，約3割が（内容理解を伴わない）表層的な読解もできない」，「学力中位の高校でも，半数以上が内容理解を要する読解はできない」。これらの記述は，ある調査を行った新井紀子氏による結果のまとめの一部である。教科書レベルの基礎的な文章さえ「読めない」児童生徒が少なくない実態がこの調査からは示されている。

　前述の調査とは，基礎的読解力を調べる「リーディングスキルテスト」である。新井氏らは，2016（平成28）年から全国の中学生，高校生ら約2万5,000人を対象に調査を実施した。

　新しい学習指導要領では，すべての校種において「主体的・対話的で深い学び」（いわゆるアクティブ・ラーニング）の実現に向けた授業改善を求め

ている。しかし，新井氏はアクティブ・ラーニングに関して「教科書に書いてあることが理解できない学生が，どのようにすれば自ら調べることができるのでしょうか」と述べている。

　では，なぜ「読めない」のだろうか。1つにはすでに述べた何らかの障害の可能性がある。もう1つには貧困が影響している可能性である。新井氏は「読解能力値と家庭の経済状況には負の相関がある」と指摘している。貧困が学力に影響することはこれまでも教育社会学の研究では指摘されてきたところであるが，学びの基礎となる読解力にも影響を与えていることがわかったのである。

　日本の子どもの貧困率は約14％（2015年）にものぼり，OECD（経済協力開発機構）加盟国の中で上位に位置する現状にある。貧困な家庭では，児童生徒がじっくり読書に親しんだり，学習に集中できる状況にないことが多い。読書や学習よりも日々の生活に追われてしまうのである。社会福祉学の研究から貧困は世代間連鎖することがわかっている。この世代間連鎖を断ち切るには経済的な支援だけでは十分ではない。近年重視されてきているのは，学習支援である。

　学習支援は，2013（平成25）年に制定された「子どもの貧困対策の推進に関する法律」にも規定されている。いまやほとんどの職業が高等学校卒業程度の学力を求めている。学力がないと就職さえままならず，貧困の連鎖から抜け出すことができなくなってしまうのである。学習支援に長年取り組んできた宮武正明氏は「いまだに中学卒業者は「金の卵」と信じている人に，この現実を知ってほしい」と述べている。学習支援は，学校だけで対応し切れるものではなく，地方公共団体では福祉部局が中心となって貧困世帯の児童生徒を対象とした学習支援の場を地域の中に設ける動きが広がっている。

　しかし，こうした学習支援の文脈において読書の指導や支援は日本では残念ながら注目されていない。読解力がすべての学びの基礎であるにもかかわらず。だからこそ，読書に親しみ，確かな読解力を育むために，学校図書館における個に応じたアプローチが重要になってくるのである。その際，学級担任やスクールソーシャルワーカーなどとの協力が欠かせないことは言うま

でもない。

　なお，貧困以外にも，さまざまな要因から学校図書館登校をしている児童生徒，家庭での虐待の疑いのある児童生徒など，学校が直面する児童生徒の課題は多岐にわたる。学校図書館に「居場所」や「救い」を求めている児童生徒がいることを常に留意しながら，児童生徒一人ひとりと向き合っていきたい。

5　求められる「チームとしての学校」の視点

　本章で述べてきたような児童生徒一人ひとりの多様なニーズに応じた学校図書館環境の整備や読書指導は，学校図書館を担当する教職員だけで取り組むには限界もある。学級担任はもちろん，特別支援教育コーディネーター，養護教諭，スクールカウンセラー，スクールソーシャルワーカーなどの教職員と司書教諭，学校司書が，それぞれの専門性を生かし合いながら協力していくことが欠かせない。つまり，「チームとしての学校」の視点を持って，学校全体として情報共有を図りながら取り組まなければならない。

　「チームとしての学校」とは，複雑化・多様化した学校の諸課題を解決し，子どもに必要な資質・能力を育む教育活動の一層の充実のために，学校図書館の館長でもある校長のリーダーシップのもとに教員と教員以外のさまざまな職員が協力し合って学校機能の強化を図ろうとする考え方である。教員への過重な負担を軽減する「働き方改革」の側面もあり，現在，文部科学省によって推進されている。

　「チームとしての学校」実現のためには，フォーマルな会議の機会を持つことも重要であるが，一人ひとりの教職員が意識して日々のコミュニケーションを密にしていくだけでも得られるものは少なくない。学校図書館や読書指導に関しては，司書教諭，学校司書の側から積極的に他の教職員とのコミュニケーションを図っていくようにしたい。

（野口武悟）

〈注〉

（注1）DAISY（デイジー）は，Digital Accessible Information SYstem の略で，デジタル録音図書のことである。マルチメディア DAISY は，音声にテキストや画像も同期（シンクロ）させることができるようになった（マルチメディア化した）DAISY のことで，電子書籍の一種といえる。

（注2）LL ブックの LL は，スウェーデン語の Lättläst の略で，わかりやすく読みやすい図書のことである。

（注3）利用方法については，国立国会図書館国際子ども図書館のウェブページ（http://www.kodomo.go.jp）を参照されたい。

〈参考文献〉

・新井紀子『AI vs. 教科書が読めない子どもたち』東洋経済新報社　2018 年
・全国学校図書館協議会監修『司書教諭・学校司書のための学校図書館必携：理論と実践（改訂版）』悠光堂　2017 年
・全国学校図書館協議会「シリーズ学校図書館学」編集委員会編『読書と豊かな人間性（シリーズ学校図書館学4）』全国学校図書館協議会　2011 年
・野口武悟編著『一人ひとりの読書を支える学校図書館：特別支援教育から見えてくるニーズとサポート』読書工房　2010 年
・野口武悟・植村八潮編著『図書館のアクセシビリティ：「合理的配慮」の提供へ向けて』樹村房　2016 年
・野口武悟・成松一郎編著『多様性と出会う学校図書館：一人ひとりの自立を支える合理的配慮へのアプローチ』読書工房　2015 年
・宮武正明『子どもの貧困：貧困の連鎖と学習支援』みらい　2014 年

第XIV章　地域社会との連携

1　学校図書館・公共図書館との連携

（1）公共図書館との連携

　学校図書館と公共図書館との連携は，学校図書館法と図書館法の双方から規定されている。学校図書館法第4条（学校図書館の運営）には，「五　他の学校の学校図書館，図書館，博物館，公民館等と緊密に連絡し，及び協力すること」とあり，図書館法第3条（図書館奉仕）には，図書館奉仕として学校教育への援助もあげられ，「九　学校，博物館，公民館，研究所等と緊密に連絡し，協力すること」とある。

　また，「第四次子供の読書活動の推進に関する基本的な計画」にも，図書館の「学校図書館等との連携・協力」の記述がある。

　　　特に，図書館や学校図書館との連携・協力体制を強化し，団体貸出しや相互貸借を行うとともに，図書館職員が学校を訪問し読み聞かせを行うなどの取組を積極的に行うよう努める。

　ここで述べられているように，公共図書館と学校図書館との連携でまずあげられるのが公共図書館の団体貸出の利用である。団体貸出は，登録した団体に個人より多くの資料を個人より長期間貸出すという図書館の規則だけではなく，システムの構築が重要である。

　図書館に足を運ばなくてもメールやFAXでの依頼が可能であること，書名や著者名がわかっている特定の資料のみならず主題や要望を伝えると図書館の司書が選書してくれることなどのシステムが望まれる。また，多くの資料を運搬するためには，配送・集荷の流通システムが大事である。登録者も学校名にするか，学級名にするかを学校が選択できるなど，より利用しやすいシステムの構築が望まれる。

学校が団体貸出を躊躇する要因に，紛失がある。紛失したら弁償という規則の図書館もあるが，学校には弁償するための予算はない。かといって，借りた資料は，責任を持って返却するのは当然である。資料管理と学校事情を考え，万一紛失した場合どうするかは，課題である。

　東京都新宿区では，学校向けの学習支援本を充実させるとともに，発達段階に応じた朝読書セットや小学校5年生向けの「お米セット」などを作成して学校に貸出している。また，百科事典の指導用に児童向け百科事典を最大5セットまで同時に貸出すシステムを作り，学校図書館にある百科事典と合わせて，1グループに1セットを利用して百科事典の使い方を学習できるようにしている。

　国際子ども図書館では，17種類の「国際理解セット」と科学のセットを貸出している。利用したい学期の前の学期が申請期間で，送料は学校負担であるが無料で借りられる。

　また，お話会やブックトークなどを依頼して図書館員に学校に来てもらったり，生活科や社会科などで図書館に見学に行ったり，授業の中で図書館に行って調べたり資料を借りたり，さまざまな連携が行われている。しかし，教員が指導するべき学習内容を図書館員に依頼するのは，困りものである。授業者はあくまでも教員であることをふまえて依頼したい。

　また，学校は公共図書館に支援してもらうだけでなく，図書館の催しに協力したり，児童生徒に図書館の利用を促したり，連携の姿勢を持ち続けることも大切である。

（2）学校図書館間の連携

　文部科学省は，2004年度から2006年度に「学校図書館資源共有ネットワーク推進事業」を実施した。期間終了とともに事業も終了してしまった地域も多かった中で，現在も学校間の資料貸借が日常的に行われている自治体は，公共図書館や学校図書館間との連携が当たり前になっている。

　千葉県市川市では，資料依頼をメールで発信すると中央図書館や資料貸出が可能な学校がそれぞれ資料を梱包して，流通システムで配送している。依

186

頼が来たときは資料が送れるかどうか判断して資料選択をして梱包して送る，資料を借りたら資料チェックをはじめ，梱包等の作業を行う。このような公共図書館との連携や学校間の連携は，依頼したり貸出返却の確認をしたり，専任の司書教諭や学校司書の存在により推進される。

図表14－1　市川市のネットワークシステム（市川市教
育センターのウェブサイトより）[注1]

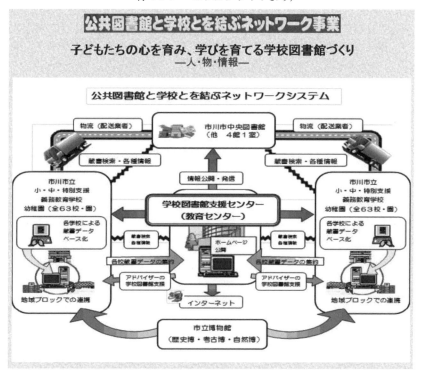

2　生涯学習施設との連携

　戦前からの社会教育という概念は，昭和40年代からの教育改革の中で社会教育と学校教育や家庭教育をも含めて生涯学習体系の立場に立った生涯学

習という概念に変化していった。1981年中央教育審議会は，「生涯教育について」を答申し，1990年には，「生涯学習の振興のための施策の推進体制等の整備に関する法律」が制定され，2006年には，教育基本法第3条に「生涯学習の理念」が設けられた。

（生涯学習の理念）
　第三条　国民一人一人が，自己の人格を磨き，豊かな人生を送ることができるよう，その生涯にわたって，あらゆる機会に，あらゆる場所において学習することができ，その成果を適切に生かすことのできる社会の実現が図られなければならない。

　2017年2018年告示の学習指導要領は，生涯学習施設などの活用が随所に見られる。「第3　教育課程の実施と学習評価」の「1　主体的・対話的で深い学びの実現に向けた授業改善」で，学校図書館活用と読書活動の充実を記したあと，「また，地域の図書館や博物館，美術館，劇場，音楽堂等の施設の活用を積極的に図り，資料を活用した情報の収集や鑑賞等の学習活動を充実すること」と続いている。その他にも，小学校，中学校，高等学校それぞれ，社会科，理科，総合的な学習の時間，音楽，美術などの教科に応じて，資料館，郷土資料館，科学学習センター，他の学校との連携，公民館，公共図書館，社会教育施設，社会教育関係団体等の各種団体，地域の教材や学習環境の積極的な活用，文化遺産，公文書館，大学や研究機関，科学学習センターなどの記述が見られる。

　近年は，学校への出前授業を行っている企業や団体もあり，民生委員やNPO法人，地域の方々を授業に呼ぶことも行われているが，教員個人とのつながりで依頼しているケースも少なくない。生涯学習施設や地域の団体や人材，企業なども学校図書館メディアとして視野に入れると，どの教員も必要なときに見学可能な施設や出前授業，講師などの依頼ができる。公立学校の教員は，他地域から異動してすぐに地域学習を行うこともある。学校図書館が，地域資料を整備し，地域の生涯学習施設や人材や企業などを把握して

リスト化しておくことにより，それらが学校の共有物となり，見学や講師招聘などの依頼がしやすくする。

　なお，このような施設や人材の活用は，それ自体が目的なのではなく，単元の目標を達成するために授業計画に位置づけることが大切である。探究的な学習・探究学習におけるこれらの施設や人材の活用は，課題の設定に活用するのか，多様なメディアで調べる一方法として位置づけるのか，まとめに位置づけるのか，授業研究をしっかりしたい。

　また，教員の働き方改革が話題になっている今日，出前授業や講師などの招聘は，決して教員が「楽をするため」ではない。授業前の依頼や実地踏査，相手方との打ち合わせ，授業後の対応など，仕事量は増えてしまうかもしれないが，よりよい授業を行うため，よりよい学びを成立させるために活用するのである。

3　家庭文庫・地域文庫との連携

　第II章で述べた文庫活動は，1970年に「親子読書地域文庫全国連絡会」が発足し，1970年代に大きな広がりを見せた。広瀬恒子は，その要因に子どもの本の刊行が活発に行われたことと，公共図書館がまだ少なかったことをあげている[注2]。1980年代以降，子どもの遊びに「ゲーム」が大きな位置を占め，90年代には子どもの本が売れない状況もあったが，学校図書館が注目されはじめ，2001年に「子どもの読書活動の推進に関する法律」が制定された。

　広瀬は，「単に本を揃えて待っているだけでは，子どもと本の結びつきを作ることはできないということから，子どものいるところに本をもっていこう，というのが現在の出前型活動へと繋がるルーツになったと考えられます[注3]」「学校，図書館，公民館などの様々なところへ本を持っていっておはなし会をするとか，よみきかせをする活動になって現在に至るわけです。[注4]」「これからの問題に関わることとして『協働』ということがあります。親子読書会や文庫やよみきかせグループやおはなし会など，それぞれ独自の

活動内容を持つグループが，ネットワークを作ったり，自治体や地域，出版界など立場の違うところと連携していくという取り組みが，今後さらに増えていくと思われます^(注5)」などと述べている。

広瀬の発言は，2007 年のものであるが，2018 年の「第四次子供の読書活動の推進に関する基本的な計画」では，「Ⅵ 民間団体の活動に対する支援」において，「幅広い地域住民等の参画による『地域学校協働活動』として実施される学校図書館等の支援や読み聞かせの実施等の活動を推進すること^(注6)」と記されている。

川崎市で自宅を開放して文庫活動を行っている渡部康夫は，学校や公立図書館，市民館などとの連携，地域の読書推進団体とのネットワークづくり，保護者や高齢者も対象とした地域の読書コミュニティの確立なども文庫活動として取り組んでいる^(注7)。

学校図書館は，地域文庫・家庭文庫などとの連携により，地域との協働を進めることが求められている。

4　学校図書館支援センター

（1）教育委員会の役割

学校図書館は，2つの目的と3つの機能を有する学校教育の教育設備であり，休み時間や放課後の利用だけでなく，各教科などで組織的，計画的に学校図書館を活用することが必要である。そのためには，学校長が，学校経営計画に学校図書館活用や読書活動の推進を位置づけることが重要である。

学校長の学校経営に大きな影響力を与えるのは，各自治体の教育委員会である。自治体の長や教育長などの発言力は大きい。学校図書館図書購入予算の充実など学校図書館整備，学校司書の配置，ICT の整備，研修の充実など，自治体の施策は重要である。そして，教育施策に学校図書館活用や読書活動の推進を位置づけ，校長会，副校長会（教頭会），事務主事会，教務主任会，研究主任会などさまざまな機会に指導主事などが学校図書館活用や読書活動

の推進の重要性を語り，学校の教育計画に入れるよう話をしている自治体は，学校図書館活用や読書活動が推進されている。

　「子どもの読書活動の推進に関する法律」により，文部科学省が「子どもの読書活動の推進に関する基本的な計画」を策定し，それを受け，各都道府県が子どもの読書活動推進計画を策定し，さらにそれを受け，市区町村でも子どもの読書活動推進計画が策定されなくてはならない。しかし，文部科学省は，「市町村推進計画の策定率を第三次基本計画期間中に市 100％，町村70％以上とすることを目標としていた」が，2016 年度末の市町村推進計画の策定率は，市 88.6％，町村 63.6％であった。2016 年度の文部科学省の「子ども読書活動推進計画」の「策定状況調査」によると，「未策定の理由として『人材が不足している』，『図書館を設置していない』という点を挙げるところが多い」という[注8]。

　文部科学省が「学校図書館図書標準」を示しても，司書教諭の発令や学校司書の配置を進めようとしても，各自治体の取り組みなしには進まない。教育委員会の姿勢は，重要である。

（2）学校図書館支援センターの役割

　学校図書館支援センターの仕事は，学校図書館の経営・運営に関する支援，学校司書や司書教諭への支援，資料面での支援，研修会の開催などが考えられるが，学校長と教育委員会の各担当者が対等に話ができる立場でありたい。学校図書館支援センターは，学校図書館ネットワークの中心となる。

　自治体の学校図書館支援センターは，教育委員会に設置されているものと公立図書館に設置されているものとに大きく分けることができる。教育センターや役所内に独自の学校図書館支援組織を作っている自治体もある。いずれにしても公立図書館と教育委員会との連携が重要である。

　学校図書館の整備がされ，学校司書がいても，学校の教育活動で活用されなければ，休み時間に流行っている「常連さん」の「たまり場」になりかねない。学校図書館の運営や整備だけを支援するのではなく，より良い学校教育をともに推進していくための学校への専門的な支援を行うことで，学校図

書館支援センターの力が発揮される。

北田明美は，学校図書館を支援するため鳥取県立図書館に配属された時，「支援協力課学校図書館支援員（係長）兼，小中学校課指導主事」という肩書きをもっていたので，指導主事として学校図書館の指導・支援を行うことが可能であった。鳥取県立図書館では，高等学校担当指導主事も配属され，2015 年 4 月に「学校図書館支援センター」を開設した。

新潟市教育委員会は，「長年，市立学校に学校司書を配置し，平成 22 年 4 月からは『新潟市子ども読書活動推進計画』に基づき，教育委員会内の学校図書館関係課・機関が連携し，学校図書館の基盤整備と活用推進に取り組んで」きたことにより，2019 年に「公益社団法人全国学校図書館協議会主催，文部科学省後援　第 49 回学校図書館賞」を受賞した（注 9）。同市は，新潟市立図書館のホームページに「学校図書館支援センター」のウェブサイトを開設している。

各学校で学校図書館の機能を十分生かした教育が推進されるためには，学校図書館支援センターが十分に機能することが重要である。

（小川三和子）

〈注〉

（注 1）市川市教育センター「公共図書館と学校とを結ぶネットワーク事業」概要図（http://www.ichikawa-school.ed.jp/network/top.htm［2019 年 6 月 29 日現在参照可］）

（注 2）　親子読書地域文庫全国連絡会第 16 回全国交流集会「これからの　子ども・本・人　出会いづくり　記念対談　松岡享子・廣瀬恒子」親地連ブックレット 2008 年　p.5-7

（注 3）広瀬恒子　同上　p.9

（注 4）同上　p.11

（注 5）同上　p.15-16

（注 6）文部科学省「子供の読書活動の推進に関する基本的な計画」2018 年　p.28（http://www.mext.go.jp/b_menu/houdou/30/04/__icsFiles/afieldfi

le/2018/04/20/1403863_002_1.pdf［2019 年 6 月 29 日現在確認可］）

（注7）渡部康夫「学校図書館を支える地域の読書活動：「いぬくら子ども文庫」の実践をもとに地域子ども文庫の役割を考える」『学校図書館学研究』日本学校図書館学会　2019 年第 21 号　p.77-85

（注8）文部科学省　前出「こどもの読書活動の推進に関する基本的な計画」　p.9

（注9）新潟市の図書館「新潟市立図書館全体のお知らせ『学校図書館賞』を新潟市教育委員会が受賞しました（PDF ファイル 194KB）（2019 年 5 月 28 日更新)」（https://www.niigatacitylib.jp/?page_id=16［2019 年 6 月 30 日現在参照可］）

関連資料一覧

《法規・基準》

学校図書館法

子どもの読書活動の推進に関する法律

第四次　子供の読書活動の推進に関する基本的な計画（抄）

　　第4章　子供の読書活動の推進方策

　　Ⅳ　学校等における取組

　　2　小学校，中学校，高等学校等（p.21-28）

文字・活字文化振興法

学校図書館の整備充実について（通知）別添「学校図書館ガイドライン」

視覚障害者等の読書環境の整備の推進に関する法律

《学校図書館の役割・機能》

これからの時代に求められる国語力について（抄）

　　Ⅱこれからの時代に求められる国語力を身に付けるための方策について

　　　第2　国語力を身に付けるための読書活動の在り方（p.20-27）

索引

《あ行》

アクティブ・ラーニング……140, 181, 182

朝読書……44, 54, 114, 134, 186

アニマシオン……102, 165, 171

アメリカ教育使節団……31, 32

委員会活動……76, 118, 119, 128, 146, 158, 166

生きる力……22, 36, 49, 50, 54, 110, 111, 172

一斉読書……44

インターネット……17, 21, 37, 44, 46, 47, 48, 62, 64, 77, 78, 82, 91, 110, 118, 121, 130, 167

ウェブサイト……83, 85, 105, 122, 157, 166, 167, 170, 192

閲覧……31, 48, 85, 86, 87, 169

絵本……23, 25, 29, 60, 63, 69, 70, 73, 74, 75, 79, 80, 82, 85, 96, 102, 108, 114, 118, 124, 126, 139, 152, 178, 179

おいしい読書……136

お話会……85, 125, 152, 153, 186

親子読書……26, 40, 96, 189

オリエンテーション……146

《か行》

各教科等……49, 50, 69, 77, 90, 110, 111, 112, 114, 117, 127

学習指導要領……18, 19, 21, 30, 33, 34, 35, 38, 41, 49, 50, 51, 59, 66, 69, 72, 77, 78, 100, 110, 111, 112, 115, 116, 118, 119, 120, 146, 156, 165, 175, 181, 188

学習センター……44, 45, 52, 66, 110, 114, 156, 188

学習到達度調査……18, 51

貸出……40, 74, 75, 87, 88, 91, 94, 95, 106, 125, 127, 140, 169, 179, 181, 186, 187

課題設定……120, 125

学級貸出……75, 94, 95

学級文庫……75, 94, 95

学校教育法施行規則……31, 44

学校司書……33, 46, 48, 49, 52, 53, 55, 59, 64, 66, 69, 71, 83, 84, 87, 90, 93, 94, 96, 122, 124, 125, 128, 145, 146, 153, 155, 157, 158, 160, 161, 165, 166, 167, 168, 169, 170, 171, 172, 173, 183, 187, 190, 191, 192

学校読書調査……58, 60

学校図書館……19, 20, 21, 29, 30, 31, 32, 33, 34, 35, 36, 37, 39, 41, 44, 45, 46, 47, 48, 50, 52, 53, 56, 59, 64, 65, 66, 67, 68, 69, 70, 71, 72, 74, 75, 77, 78, 79, 80, 81, 82, 83, 84, 85, 86, 87, 88, 90, 91, 92, 93, 94, 95, 97, 104, 108, 110, 111, 112, 114, 115, 116, 117, 118, 119, 124, 125, 126, 127, 128, 130, 133, 136, 137, 142, 144, 145, 146, 147, 149, 150, 151, 152, 153, 155, 156, 157, 160, 161, 165, 166, 167, 168, 169, 170, 173, 176, 177, 180, 181, 182, 183, 185, 186, 188, 189, 190, 191, 192

学校図書館運営……143, 156, 157, 160, 161

学校図書館活用……34, 35, 37, 39, 46, 49, 52, 53, 67, 68, 77, 111, 112, 115, 116, 127, 161, 188, 190, 191

学校図書館教育全体計画……157, 159, 160

学校図書館支援センター……167, 171, 190, 191, 192

学校図書館資料……38, 39, 44, 46, 47, 78, 83, 84, 85, 87, 90, 95, 114, 116, 118, 130, 158, 168

学校図書館調査……58, 66, 67

学校図書館図書標準……47, 48, 84, 161, 191

学校図書館メディア……46, 78, 84, 110, 114, 116, 121, 157, 158, 160, 161, 167, 168, 170, 178, 179, 188

家庭文庫……40, 41, 189, 190

紙芝居……107, 124, 126, 128, 139, 150

技術的職務……160, 168

基礎的環境整備……176, 177

義務教育……45, 47, 53, 77, 110, 147, 174, 175, 180

教育課程……37, 39, 41, 44, 45, 46, 65, 71, 110, 111, 112, 148, 149, 156, 161, 167, 169, 188

教育指導的職務……160, 165

禁帯出……87

経営運営的職務……160

掲示……93, 94, 109, 125, 129, 130, 133, 135, 136, 142, 150, 169

言語活動……18, 19, 21, 36, 37, 50, 69, 104, 110, 111, 112, 114, 147

公共図書館……47, 65, 66, 67, 74, 84, 87, 91, 94, 95, 97, 99, 106, 125, 142, 169, 171, 180, 181, 185, 186, 187, 188, 189

合理的配慮……68, 166, 175, 176, 177, 178

5か年計画……47, 48, 66

国語……18, 19, 35, 36, 37, 44, 50, 51, 53, 59, 60, 69, 72, 73, 74, 76, 81, 84, 98, 100, 104, 105, 110, 112, 113, 114, 125, 126, 127, 144

国語教育……41, 50

国際子ども図書館……48, 49, 85, 171, 181, 186

個人情報……87, 88

子ども（供）の読書活動の推進に関する基本的な計画……49, 69, 175, 185, 190, 191

《さ行》

雑誌……18, 30, 48, 50, 53, 63, 64, 67, 68, 78, 84, 85, 87, 90, 91,

117, 121, 170

参考図書……79, 82, 87, 114, 121, 127

視覚障害者等の読書環境の整備の推進に関する法律……175, 176

司書教諭……28, 32, 33, 40, 46, 48, 49, 64, 66, 71, 83, 84, 90, 93, 96, 122, 124, 125, 146, 153, 154, 156, 157, 158, 160, 161, 165, 166, 167, 168, 169, 170, 172, 173, 183, 187, 191

指導計画……21, 101, 115, 116, 127, 160

児童文学……38, 41, 75, 80, 81, 126

習得・活用・探究……78, 111

授業改善……37, 50, 111, 112, 117, 158, 181, 188

主体的・対話的で深い学び……18, 37, 50, 69, 78, 100, 111, 112, 117, 137, 158, 165, 181, 188

生涯学習施設……171, 187, 188

障害者差別解消法……68, 175, 176

情報活用能力……15, 46, 59, 114, 156, 157, 160, 170

情報資源……46, 78, 122, 157, 169

情報の収集……45, 112, 115, 120, 121, 156, 158, 167, 188

小論文……144

所在記号……93

新聞……17, 18, 20, 21, 23, 30, 50, 53, 58, 67, 68, 76, 78, 84, 90, 91, 101, 111, 114, 115, 117, 121, 126, 128, 130, 135, 136, 138, 140, 141, 142, 144, 165, 170

ストーリーテリング……73, 99, 125, 171

請求記号……93

全国学校図書館協議会……32, 33, 40, 53, 58, 83, 84, 85, 106, 122, 140, 157, 161, 171, 192

選書……62, 77, 81, 84, 94, 95, 101, 105, 143, 166, 167, 168, 185

専門書……77, 118

総合的な学習の時間……36, 37, 38, 39, 77, 98, 115, 116, 119, 188

蔵書……41, 48, 66, 67, 71, 83, 84, 88, 92, 104, 161

《た行》

大活字本……166

多文化サービス……180

探究学習……121, 189

探究的な学習……18, 36, 37, 44, 77, 78, 110, 114, 116, 119, 120, 121, 127, 189

団体貸出……94, 125, 154, 169, 171, 185, 186

地域文庫……40, 189, 190

チームとしての学校……183

知識の本……14, 79, 81, 83

中央教育審議会……22, 110, 111, 112, 188

長編……38, 53, 76, 96, 97

デイジー（DAISY）……26, 178, 179

伝記……20, 61, 62, 79, 82, 83, 98, 101

展示……55, 84, 85, 88, 93, 94, 108, 109, 119, 136, 142, 143, 146, 169, 181

点字図書……68, 166, 173, 175, 178

読書会……76, 105, 106, 127, 138, 139, 140, 171, 189

読書活動……22, 24, 25, 28, 35, 36, 37, 40, 44, 45, 49, 50, 51, 55, 56, 58, 68, 69, 70, 72, 74, 75, 89, 90, 93, 94, 96, 97, 98, 101, 107, 108, 110, 111, 112, 124, 125, 128, 129, 130, 137, 147, 148, 149, 153, 155, 156, 157, 158, 160, 167, 168, 169, 171, 172, 175, 188, 189, 190, 191

読書感想画……56, 85, 101, 102

読書感想文……56, 85, 100, 101

読書教育……28, 39, 53, 56, 67, 153

読書記録……101, 125

読書月間……107, 128, 129

読書指導……28, 35, 40, 44, 45, 46, 49, 53, 55, 62, 67, 68, 70, 72, 73, 74, 76, 77, 84, 87, 90, 93, 97, 100, 106, 110, 112, 114, 119, 127, 144, 156, 157, 158, 160, 165, 166, 168, 169, 170, 172, 173, 174, 175, 176, 177, 178, 180, 183

読書集会……107, 128, 129

読書習慣……17, 23, 25, 26, 50, 54, 64, 70, 77, 90, 94, 100, 119, 126, 138, 157

読書週間……51, 108, 129, 133, 171

読書旬間……129

読書センター……41, 44, 45, 52, 66, 90, 91, 110, 156

読書ノート……138

読書の木……129

読書バリアフリー法……176

読書ビンゴ……129

読書マラソン……133, 134

読書郵便……101, 108, 129, 135

督促……88

特別活動……35, 36, 37, 76, 105, 117, 166

特別支援学校……45, 68, 69, 82, 147, 148, 149, 152, 153, 155, 175, 180

特別支援教育……147, 174, 175, 183

図書館法……46, 65, 66, 185

図書記号……83, 92, 93

図書コーナー……65, 82, 149, 150, 151, 152

図書資料……20, 46, 47, 78, 79, 83, 84, 85, 88, 90, 91, 93, 94, 114, 117, 118, 121, 168

読解力……18, 36, 51, 52, 97, 121, 181, 182

《な行》

ニーズに応じた……75, 166, 173, 174, 175, 176, 177, 183

日本十進分類法……79, 81, 82, 88, 91, 92, 93, 169

ネットワーク……167, 171, 187, 190, 191

年間指導計画……67, 157, 163, 165

ノンフィクション……62, 81, 82, 114

《は行》

配架……39, 83, 88, 91, 92, 93, 94, 118, 168, 171

パソコン……17, 85

発達段階……22, 23, 24, 28, 40, 51, 56, 70, 72, 73, 91, 97, 98, 102, 108, 114, 118, 129, 165, 166, 170, 173, 186

ビブリオバトル……103, 105, 117, 140, 144, 171

ファンタジー……125, 171

ブックスタート……97

ブックトーク……55, 74, 75, 76, 77, 97, 98, 99, 101, 126, 127, 137, 138, 145, 146, 153, 154, 165, 170, 171, 181, 186

ブックレビュー……137, 138

プレゼンテーション……77, 105

文学教育……32, 41

文学散歩……142

文化審議会答申……18, 50, 53, 90, 100

文庫活動……189, 190

分類記号……83, 92, 93

ペア読書……117, 129

奉仕的職務……160, 168

ボランティア……59, 71, 74, 87, 96, 108, 128, 129, 149, 152, 153, 158, 168, 169, 171

本の帯……108, 109, 128, 132

本の紹介……55, 59, 62, 64, 75, 76, 77, 88, 98, 99, 101, 107, 126, 127, 128, 129, 131, 133, 135, 137, 142, 144, 146

《ま行》

マルチメディアデイジー（DAISY）……166, 173, 177, 178, 179

漫画（マンガ）……38, 39, 63, 64, 79, 83, 87, 151, 171

昔話……15, 19, 25, 29, 72, 99

文字・活字文化振興法……51

《や行》

ヤングアダルト（YA）……39, 81, 127, 151, 153, 171

ゆとりと充実……35

幼稚園……69, 70, 73

幼年童話……124

読み聞かせ……19, 22, 23, 25, 55, 59, 62, 64, 65, 70, 73, 74, 75, 76, 85, 86, 96, 97, 99, 100, 102, 105, 108, 114, 118, 124, 125, 128, 129, 134, 139, 171, 178, 179, 181, 185, 190

《ら行》

ライトノベル……61, 62, 127, 171

リーディングトラッカー……68, 178, 179

リテラチャーサークル……106, 107, 140, 171

レファレンス……59, 64, 149, 153, 154, 168, 170, 171

レファレンスブック……87, 171

レポート……77, 114

《ABC》

ICT……46, 170, 190

LLブック……26, 39, 166, 173, 178, 179

NDC……91, 104, 169

OECD……18, 36, 51, 97, 182

PISA……18, 36, 51, 52

POP（ポップ）……94, 108, 128, 142

［第4巻担当編集委員・執筆者］

小川三和子（おがわ　みわこ）

聖学院大学ほか非常勤講師，東京学芸大学司書教諭講習講師

東京学芸大学大学院修士課程修了，東京都公立学校教諭・主任教諭，司書教諭，新宿区学校図書館アドバイザーを経て2018年より現職

全国学校図書館協議会参事，日本学校図書館学会理事・役員，日本子どもの本研究会会員，日本図書館情報学会会員

著書に，『学校図書館サービス論』（青弓社，2018年），『読書の指導と学校図書館』（青弓社，2015年），『教科学習に活用する学校図書館—小学校・探究型学習をめざす実践実例』（全国学校図書館協議会，2010年）ほか

［第4巻執筆者］（五十音順）

磯部延之（いそべ　のぶゆき）

全国学校図書館協議会参事・研究調査部長（調査担当），東京都特別支援教室専門員，浦和大学ほか非常勤講師，絵本専門士委員会委員

東京学芸大学初等教育教員養成課程卒業，東京都公立学校に教諭・教頭・校長として勤務，稲城市教育センター研究主事を経て2019年より現職

共著に，『司書教諭・学校司書のための学校図書館必携：理論と実践　改訂版』（悠光堂，2017年）ほか

小日向輝代（こびなた　てるよ）

越谷市立東中学校教諭・司書教諭

著書に，『心をつかむオリエンテーション』（全国学校図書館協議会，2014年）ほか

高見京子（たかみ　きょうこ）

全国学校図書館協議会学校図書館スーパーバイザー，ビブリオバトル普及委員，香川大学・四国学院大学・山陽学園大学・就実大学非常勤講師

広島大学教育学部教育学科卒業

著書に，『読書イベントアイデア集—中・高校生編』（全国学校図書館協議会，2014年），共著に，『「探究」の学びを推進する高校授業改革：学校図書館を活用して「深い学び」を実現する』（学事出版，2019年）ほか

千葉尊子（ちば たかこ）

横浜市立矢向小学校主幹教諭・司書教諭

全国学校図書館協議会参事

生井恭子（なまい すみこ）

東京都立墨東特別支援学校主任教諭・司書教諭

共著に、『困ったときには図書館へ2 学校図書館の挑戦と可能性』（悠光堂, 2015 年），『障害者とともに生きる本 2500 冊』（日外アソシエーツ, 2017 年）ほか

野口武悟（のぐち たけのり）

専修大学文学部教授

筑波大学大学院図書館情報メディア研究科修了，博士（図書館情報学）

2006 年専修大学文学部専任講師に着任し，2014 年より現職

著書に、『多様性と出会う学校図書館：一人ひとりの自立を支える合理的配慮へのアプローチ』（読書工房, 2015 年），『図書館のアクセシビリティ：「合理的配慮」の提供に向けて』（樹村房, 2016 年），『改訂新版 学校経営と学校図書館三訂版』（放送大学教育振興会, 2017 年）（いずれも共編著）ほか

堀川照代（ほりかわ てるよ）

青山学院女子短期大学教授

東京大学大学院教育学研究科博士課程満期退学，島根県立大学短期大学部を経て，2011 年より現職

共著に、『学習指導と学校図書館』（全国学校図書館協議会, 2000 年），『学習指導と学校図書館』（樹村房, 2002 年），『「学校図書館ガイドライン」ハンドブック 解説編』（悠光堂, 2018 年），『「学校図書館ガイドライン」ハンドブック 実践編』（悠光堂, 2019 年）ほか

山田万紀恵（やまだ まきえ）

全国学校図書館協議会参事

大妻女子大学家政学部児童学科卒業

東京学芸大学非常勤講師，元埼玉県川越市立高階小学校司書教諭

共著に、『学ぶ喜びを広げる司書教諭の活動』（全国学校図書館協議会, 2003 年）ほか

探究　学校図書館学
第 4 巻　読書と豊かな人間性　　　　　　　　　　　　分類 017

2020 年 2 月 20 日	初版発行
2021 年 10 月 20 日	第 2 刷発行
2023 年 6 月 30 日	第 3 刷発行

編著者　　公益社団法人全国学校図書館協議会
　　　　　「探究　学校図書館学」編集委員会
発行者　　設楽敬一
印刷・製本　瞬報社写真印刷株式会社
発行所　　公益社団法人全国学校図書館協議会
　　　　　〒 112-0003 東京都文京区春日 2-2-7
　　　　　電話 03-3814-4317（代）　FAX03-3814-1790